역사

역사

세상을 깨우는 시대의 기록

SEASON 1

EBS · 국사편찬위원회 공동기획 — 〈역사채널ⓔ〉 지음

북하우스

人君所畏者, 史而已

내가 두려워하는 것은 역사 뿐이다

prologue

역사적 팩트fact를 복기하는 일은 자기 상실을 극복하는 첫 단계다

문동현 〈역사채널ⓔ〉 PD

　화면 가득히 검은 물이 차 있다. 문득, '첨벙' 하고 낡은 텔레비전 한 대가 물에 빠진다. 요샌 구하기도 힘든 브라운관 텔레비전, 몸체는 빨간색이다. 하얀 물거품이 화면 가득 차오르는가 싶더니 바닥의 반동을 겨우 다스린 텔레비전이 갑자기 '치직~!!' 하고 켜진다. 그리고 선명한 타이틀 자막 〈역사채널ⓔ〉. 고작 10초 남짓이지만 그것은 내가, 우리 제작진이 담고자 했던 '역사의 시간'이었다.

　물어본 이가 없기에 굳이 설명을 보태고 싶어진다. 화면 속 물은 기나긴 시간의 강, 역사를 상징하려고 했다. 낡은 텔레비전은 미디어, 물거품은 미디어가 역사를 불러낼 때 생기는 시간의 마찰을 표현하고자 했다. 피라미드에서 미라를 발굴할 때 피어오르는 먼지 알갱이들 같은. 그리고 텔레비전이 켜진다. 이제 〈역사채널ⓔ〉의 시작이다. 역사를 불러내는 미디어로서, 죽어 있는 역사가 아니라 역사의 한 조각을 현재로 호출해내기 위해서 〈역사채널ⓔ〉의 첫 방송은 시작되었다. 그리고 지금까지 총 73편, 매주 한 편씩을 시청자들에게 선보였다.

　방송은 단 하나의 문장으로 시작된다. '내가 두려워하는 것은 역사뿐이다.' 조선왕조 최고의 폭군으로 일컬어지는 연산군이 남긴 말이다. 나는 이 문장을 고르고 또 골랐다. 설혹 방송 전체는 보지 못하더라도 이 문장만은 읽고 가기를 바랐다. 그것이 어쩌면 〈역사채널ⓔ〉를 통해 우리가 하고 싶은 이야기이자, 지금 현재를 살아가고 있는 이들에게, 역사의 한 페이지를 쓰고 있는 그들에게 들려주고 싶은 말이었을지 모르겠다.

이 프로그램은 국사편찬위원회와 공동기획으로 만들었다. 과천에 있는 국사편찬위원회는 조선시대 사고史庫를 본떠 만든 독특한 외관을 지니고 있는데, 건물의 지하에 외부에 공개되지 않은 서고書庫가 있다. 촬영을 하러 그곳에 들어갔을 때, 첫 느낌은 묘하게도 '불안감'이었다. 우리나라에 하나밖에 없는 귀한 책들과 자료들. 그 묵직함과 감탄에 앞서 본능처럼 다가온 불안감은 어린 시절 국립중앙박물관의 유물들을 본 첫인상과도 일치했다. 어렸을 적 단체견학을 가서 본 국립중앙박물관의 유물들을 마주한 나의 첫인상은 '불안'이었다. '하나밖에 없다는데 없어지면 어쩌나' 하는 불안감.

하나밖에 없는 것, 복제해낼 수 없는 것, 복제해도 '본래의 것'은 될 수 없는 것, 처음부터 하나일 수밖에 없었던 하나. 유일무이唯一無二의 상실에 대한 불안이 내가 역사적 유물을 마주하고 느낀 것이다. 그리고 이런 류의 불길한 불안은 기어이 실제로 일어나고 말았다. 2008년 남대문 전소全燒 사건. 그때 사람들이 느꼈던 집단 '멘붕' 현상은 그런 불안감이 실제로 일어났다는 공포 때문이 아니었을까?

돌이켜보면 우리 역사는 그런 '유일무이의 상실'에 대한 기록인지도 모른다. 수많은 전쟁과 일제강점기의 문화재 수탈은 그 정점이다.

수탈되었던 북관대첩비의 이야기를 다룬 〈100년 만의 귀환〉은 그런 안타까움을 담은 프로그램이었다.

하지만 상실은 물질에만 국한되지 않는다. '팩트fact'도 유일무이함을 상실할 수 있다. 팩트를 왜곡하고 금기禁忌로 만드는 일, 애써 무관심하거나 두려움의 대상으로 치환하는 것으로 팩트는 훼손되고 정신은 상실된다. 이것이 훨씬 치명적이다. 〈고향으로 돌아온 여인들〉과 〈보이지 않는 시선〉이 이를 증거한다. 팩트가 팩트로 대접받지 못하는 세상, 혹은 그런 나라에서 결국 역사는 그 자체로 불행하다.

"우리는 왜 빼앗긴 문화재를 되찾아야 하는가?" "왜 역사적 사실을 지금에 와서 복기해야 하는가?" 문화재제자리찾기운동 사무처장 혜문스님이 답했듯 "빼앗긴 문화재를 되찾아오는 일은 우리의 슬픈 역사와 짓눌린 역사를 회복하는 것"이며, 지난한 과정을 통해 역사를 다시 찾는 것은 자기 자신을 다시 찾는 것과 다름없다. 결국 문화재 반환과 역사적 팩트를 복기하는 일은 자기 상실을 극복하는 첫 단계다.

『조선왕조실록』은 임금이 죽고 나서야 편찬작업을 시작했다. 권력과 후환에 대한 두려움 없이 정확한 기록을 남기고자 함이었다. 이 책에는 수많은 권력자들이 두려워했던 시대의 기록이 담겨 있다. 기억을 기록하는 일은 이제 남은 우리의 일일지도 모른다. 서문을 쓰며 다시 한 번 〈역사채널ⓔ〉의 첫 장면을 돌려본다.

"내가 두려워하는 것은 역사뿐이다(人君所畏者, 史而已)."

contents

prologue 역사적 팩트를 복기하는 일은
자기 상실을 극복하는 첫 단계다 …5

 1부 어떻게 살 것인가

01 어떤 젊음 …12
02 이상한 밀지 …30
03 말의 길, 언로 …50
04 만 년 후를 기다리는 책 …66
05 영웅과 역적 사이 …82
06 최고의 교육 …96
07 한류, 믿음을 통하다 …112

2부 나는 누구인가

- **01** 자화상 ⋯ 132
- **02** 왕의 남자가 되는 법 ⋯ 146
- **03** 고향으로 돌아온 여인들 ⋯ 158
- **04** 네 개의 단서 ⋯ 174
- **05** 조선의 이방인, 백정 ⋯ 192
- **06** 조선의 시간 ⋯ 206
- **07** 보이지 않는 시선 ⋯ 222

3부 무엇을 기억할 것인가

- **01** 999번째 수요일 ⋯ 238
- **02** 기억을 기억하라 ⋯ 252
- **03** 1894년 그날 ⋯ 268
- **04** 어떤 반란 ⋯ 284
- **05** 승자 없는 전쟁 ⋯ 296
- **06** 100년 만의 귀환 ⋯ 310
- **07** 폭파 위기의 덕수궁 ⋯ 326

- 이미지 출처 ⋯ 340

quaesti

1부 어떻게 살 것인가

01 어떤 젊음
02 이상한 밀지
03 말의 길, 언로
04 만 년 후를 기다리는 책
05 영웅과 역적 사이
06 최고의 교육
07 한류, 믿음을 통하다

quaestio

01 어떤 젊음

"세상에 풍운은 많이 일고
해와 달은 사람을 급급하게 몰아붙이는데
한 번의 젊은 나이를 어찌할 것인가."

1910년 겨울
압록강을 넘는 한 가족

조선땅에서 둘째가라면 서러운 명문가
평생이 보장된 신분을 버리고
낯선 땅을 향해 나선
삼한갑족 三韓甲族 우당 友堂 이회영 일가

몇 대에 걸쳐 풍족하게 쓸
어마어마한 재산
명동 일대의 토지
현재 시가 600억 원

1910년대 서울(당시 경성)의 풍경

해방 후 신흥전문학원 설립을 자축하기 위해 모인 신흥학우단

재산을 모두 쏟아 만주땅에 설립한 학교
무장독립투쟁의 씨앗
신흥무관학교

"대의가 있는 곳에서 죽을지언정
구차히 생명을 도모하지 않겠다."

52세
고종 망명 계획 추진

57세
이상촌 건립 추진

58세
신흥무관학교 출신으로 '신흥학우단' 조직

59세
신흥학우단 중심의 '다물단' 조직·지도

65세
비밀행동조직 '흑색공포단' 조직

66세
상하이에서 일제 경찰에 검거

모진 고문 끝에 순국하는 마지막 순간까지
쉬지 않고, 지치지 않고, 멈추지 않고
전 생生을 바쳐온 독립운동

"목적을 달성하지 못하였다 하더라도
노력하다가 그 자리에서 죽는다면
이 또한 행복인 것이다."

망명 계획을 논의하는 우당 6형제

신분, 재산, 인생
독립 하나만을 위해 바쳤던 삶

서른 살
청년 이회영이 물었다

"한 번의 젊은 나이를 어찌할 것인가."

예순여섯 살
노인 이회영이 답했다

예순여섯의 '일생'으로 답했다

quaestio 01

어느 양반가의 망명길

1910년 12월 30일 밤. 한 무리가 어둠을 뚫고 꽁꽁 얼어붙은 압록강을 건너고 있었다. 젖먹이부터 60대까지 섞인 기다란 행렬은 국경을 지키는 일본 감시병의 눈을 피해 북쪽으로 향했다. 한 해가 막 저무는 야밤, 이들이 북풍이 몰아치는 살벌한 국경선을 넘어야 했던 사연은 무엇일까?

이들은 고종 때 이조판서를 지낸 이유승의 여섯 아들과 그들의 가족, 그리고 집안일을 돕던 식솔들로 그 수가 무려 60여 명에 이르렀다. 이유승의 여섯 아들은 서울 장안에서 우애 좋기로 유명했다. 첫째 건영, 둘째 석영, 셋째 철영, 넷째 회영, 다섯째 시영, 여섯째 호영. 이들이 12월 어느 날 함께 모인 자리에서 넷째 회영은 형제들에게 호소했다.

"우리 형제가 당당한 호족의 명문으로서 차라리 대의가 있는 곳에 죽을지언정, 왜적 치하에서 노예가 되어 생명을 구차히 도모한다면 이 어찌 짐승과 다르겠는가?"

나라가 망했는데 가문이 무슨 소용이 있겠냐는 말이었다. 그 자리에서 형제들은 우당 이회영의 말에 따라 전 재산을 처분하고 만주 망명길에 오르기로 결정한다. 여섯 형제의 뜨거운 결의는 향후 30여 년간 한국 독립운동의 중심축이 됐다. 이들은 한 달 동안 일제의 감시를 피해 비밀리에 집과 논밭을 팔아 40여만 원을 마련했다. 소값으로 환산하면 오늘날 600억 원, 땅값으로 치면 2조 원이 넘는 엄청난 액수였다.

어떤 젊음

우당의 집안은 선조인 이항복 때부터 시작해 8대에 걸쳐 판서(조선 시대 6조의 으뜸 벼슬)를 배출한 조선 최고의 명문가였다. 또한 서울 명동 일대의 땅이 거의 이 집 소유라는 말이 있을 정도로 갑부였다. 가진 재산과 조상 대대로 쌓은 명망으로 그들은 편안한 삶을 살 수 있었다.

경술국치가 있던 1910년 당시, 조선총독부는 양반들에게 작위를 내리고 막대한 은사금을 주면서 '독립운동은 상놈들이나 하는 짓'이라고 선전했다. 많은 이들이 일제가 준 귀족 작위와 돈에 환호했다.

그러나 조국이 바람 앞의 등불처럼 위태로운 상황에서 우당과 그의 형제들에게 '그들만의 호의호식'은 의미가 없었다. 이들은 가진 것을 몽땅 내놓고 고난이 기다리고 있는 망명의 삶을 선택했다. 나라를 되찾기 위해서였다.

흔히 사회적 지위에 맞게 솔선수범하는 자세를 '노블레스 오블리주noblesse oblige'라고 하는데, 우당의 가문이야말로 진정한 노블레스 오블리주의 본보기라 할 수 있다. 훗날 월남 이상재는 우당 일가의 망명 소식을 듣고 다음과 같이 평한 바 있다.

"여섯 형제의 절의는 참으로 백세청풍百世淸風이 될 것이니 우리 동포의 가장 좋은 모범이 되리라."

무장독립투쟁의 씨앗, 신흥무관학교를 세우다

우당은 여섯 형제 가운데에서 가장 자존심이 강하고 호방했던 인물이었다. 그런 그에게 조국의 현실은 강 건너 남의 일이 아니었다. 30대부터 항일의병활동을 위한 군자금 조달을 위해 농장을 경영했던 우당은 40대 중반에 들어선 1905년 겨울, 이토 히로부미의 강압으로 한국의 외교권을 금지하는 을사늑약이 체결됐다는 소식을 듣고 상소를 올려 격렬하게 항의했다. 젊은 시절부터 항일운동을 함께 해 온 이상설, 동생 이시영과 함께 나라를 팔아먹은 '을사오적'을 처단하려는 계획도 세웠다. 하지만 거사는 실패로 돌아가고 만다.

대한제국은 1905년 을사늑약으로 외교권을 빼앗겼고, 2년 뒤에는 군대도 없는 나라가 되었다. 국내에서는 더이상 활동을 펼칠 여지가 없다고 판단한 우당은 나라 밖으로 눈을 돌려 독립기지를 세울 터를 찾기 위해 이상설, 이동녕과 함께 만주로 떠났다. 국외에 독립운동 근거지와 군대를 만들어 결정적인 시기에 국내 진공작전을 펼쳐 나라를 되찾으려는 계획이었다.

을사늑약의 부당함을 알리기 위해서 우당은 나라 밖 상황에 주목했다. 우선 고종에게 1907년 6월 네덜란드 헤이그에서 열리는 만국평화회의에 특사를 파견할 것을 제안했다. 일제의 침략상을 폭로해 국권을 회복하고자 했던 것이다. 그는 고종에게 절친한 친구이자 동지인 이상설을 특사로 추천했다. '헤이그 특사 3총사'는 전 의정부 참찬 이상설, 전 평리원 검사 이준, 전 러시아 공사관 서기 이위종으로 구성됐다. 명을 받은 이들은 가까스로 헤이그에 도착했다. 그러나 일제의 방해와 각국의 외면으로 회의 참석은 끝내 불발되고 말았다.

스스로 실력을 갖추는 것만이 답이었음을 깨닫게 된 우당은 헤이그의 거사가 좌절된 뒤 만주에서 이상설과 만나, 이상설은 해외 활동에, 우당은 국내 활동에 전념하기로 한다. 이후 우당은 '새로운 백성'이라는 뜻의 비밀결사단체인 '신민회'를 국내 활동의 본거지로 삼았다. 하지만 이마저도 녹록치 않았고 1910년 일본의 한국강제병합으로 우당의 국내 활동은 더더욱 어려움에 처하게 되었다.

마흔넷 되던 해, 우당은 해를 넘기기 전 만주로 향하자고 형제들을 설득했다. 60여 명의 대가족은 이제 가족보다 독립군이란 이름으로 하나가 됐다. 만주는 서구 제국주의에 무너진 청의 발원지였고, 우리에게는 버려진 들판을 개간한 농경지였으며, 훗날 일본이 발판으로 삼아 대륙침략의 진지를 구축한 곳이었다. 바로 그 만주에 우당은 독립운동의 근거지를 건설하는 일에 착수했다. 만주에 도착한 뒤 그는 함께 온 노비들을 해방시키고 '오늘부터 당신들은 종이 아니라 독립군'이라며 그들을 독립군의 일원으로 받아들였다.

세밑에 서울을 떠난 일행이 목적지인 중국 유하현 삼원보 추가가에 도착한 것은 2월 초순이었다. 망명지에서 새해를 맞은 우당은 이동녕, 이상룡 등과 함께 이주동포들의 정착과 농업 지도를 돕기 위해 '경학사'라는 자치기구를 만들었다. 부설기관으로 독립군 양성을 위한 '신흥강습소'도 설립했다. '신흥'이란 신민회의 '신新'자와 부흥을 의미하는 '흥興'자에서 따온 말이었다.

신흥강습소는 일제의 눈을 피하고 중국 당국의 양해를 얻기 위해 강습소라 불렀으나 실제로는 독립군을 양성하는 곳이었고 후일 '신

신흥무관학교 훈련 모습

흥무관학교'로 개칭됐다. 말하자면 자치정부이자 교육과 군사력을 통합하기 위한 준비에 돌입한 것이다. 신흥무관학교는 피 끓는 청년들에게 군대 전술과 총기 사용, 게릴라 전술을 훈련시켰다. 신흥무관학교는 1920년 폐교하기까지 10년간 약 3,000여 명의 항일 전사를 길러냈다. 청산리 전투로 유명한 김좌진과 이청천, 이범석 장군도 생도 혹은 교관으로 이곳을 거쳐갔다. 님 웨일스의 저서 『아리랑』의 실제 주인공인 김산은 열다섯 살의 나이에 최연소 생도로 신흥무관학교에 입학하기도 했다. 이들은 1920년 일어난 봉오동 전투와 청산리 전투, 1931년 만주사변 이후의 항일투쟁, 1940년 중경에서 조직된 대한민국 임시정부의 한국광복군 활동 등 맹활약을 펼치며 시대의 부름에 답했다.

1918년 연두교서에서 미국의 대통령 윌슨은 '민족자결주의'를 선언했다. 강대국의 약소민족 주권찬탈을 비판한 내용이었다. 이러한 국제정세의 변화 속에서 우당을 비롯한 국내외 독립운동가들은 우리 민족이 독립할 수 있는 좋은 기회가 찾아올 것이라 기대했다. 이회영은 오세창, 한용운, 이상재 등과 은밀히 고종의 해외망명을 계획한다. 고종을 중국으로 탈출시켜 독립운동에 가담하도록 하자는 구상이었다. 그러나 계획은 실패로 돌아갔다. 망명 직전 고종이 갑작스럽게 의문의 죽음을 당한 것이다. 황제가 독살됐다는 소문은 장안에 파다하게 일었다. 고종황제의 장례일인 1919년 3월 3일 이틀 전인 3월 1일 정오, 33인의 민족대표들이 태화관에 모여 일제의 만행에 격분하며 〈독립선언서〉를 낭독했다. 백성들은 독립 만세를 외치며 거리로 쏟아져나왔다. 서울에서 시작된 그 물결은 전국 방방곡곡으로 들불처럼 번져갔고 해외로도 이어졌다. 3·1 운동이 일어난 다음 달 중국 상하이에는 대한민국 임시정부가 설립됐다.

권력보다 조국의 독립이 절실하다

상하이에 임시정부가 수립된 뒤, 우당은 새로운 독립운동의 방향으로 아나키즘Anarchism을 채택한다. 그는 임시정부라는 형태에 회의적이었다. 그는 임시정부보다 '자유연합적 독립운동본부'를 결성하자고 주장했다. 정부 자체가 특정세력을 중심으로 한 권력이기 십상이니 이러한 형식을 탈피해야만 다양한 정파를 끌어들일 수 있다는 주장이었다. 하지만 그의 의견과 달리 임시정부는 수립되었다. 그때부터 우당은 신채호와 함께 베이징에서 본격적인 무장투쟁을 시작했다.

그는 권력보다 조국의 독립이 절실했다. 임시정부 요인들 사이의 권력 암투에 실망을 느낀 그는 아나키스트 위주의 독립운동 조직을 한·중·일 항일 공동전선으로 확대 발전시키는 것을 최종 목표로 삼았다. 1924년에는 의열단을 후원해 조선총독부와 일제 요인들의 처단을 시도했고, 1929년에는 김좌진 등과 손잡고 항일 무장독립투쟁의 전선을 넓혀가는 데 애썼다. 비밀결사조직인 다물단을 조직해 일

1945년 11월 3일 환국 20일 전 중경청사 앞에서 임시정부 요인들

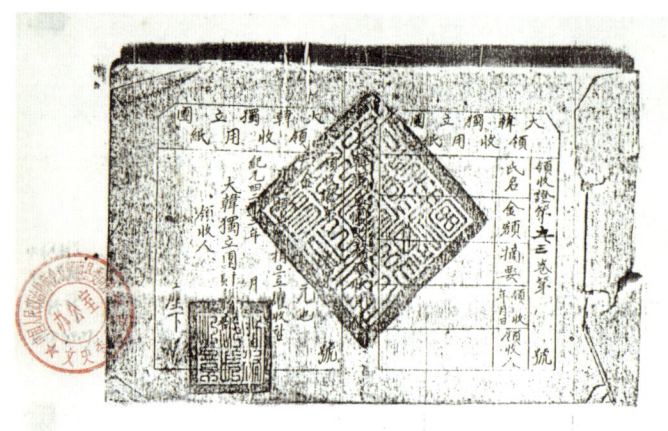
대한독립단 모금 영수증

본 밀정密偵을 숙청했고, 흑색공포단을 조직하여 일제를 공포에 떨게 만들었다. 1931년 9월 만주사변이 발발한 뒤에는 한·중·일 아나키스트 합작으로 항일구국연맹을 조직했다.

전 재산을 털어 망명한 그의 삶은 가난의 연속이었다. 하지만 가난도 그의 의지를 꺾을 수 없었다. 김규식, 신채호, 안창호 등 독립운동가들에게 숙소와 식사를 제공하는 등 끊임없이 독립운동자금을 댔고 가져간 자금이 바닥나 중국의 빈민가를 전전해야 했다. 그러나 우당은 충정과 기개를 잃지 않았다. 훗날 이회영의 아들 이규창은 "일주일에 세끼를 먹으면 잘 먹을 정도였지만 궁핍이 아버지의 독립 의지를 꺾지는 못했다"고 회고한 바 있다. 나라를 구하기 위해 개인의 안위를 접은 희생적 삶이었다.

1932년 일제는 만주에 이어 상하이를 점령했다. 침략자의 감시망은 점점 치밀해졌고 독립운동가들의 활동 공간은 갈수록 좁아졌다. 이런 가운데 윤봉길이 일제가 상하이 사변 전승을 기념하는 식장에 폭탄을 던졌다는 소식을 접한 우당은 독립운동을 가장 악랄하게 탄압했던 일본 관동군 사령관 무토오 노부요시를 암살하기로 하고 상하이에서 다롄으로 향하는 배에 오른다. 그러나 그 뒤로 그는 돌아오지 못했다. 밀고로 그를 체포한 일본 경찰의 고문 끝에 그해 11월 17일, 우당은 숨을 거뒀다. 우당의 나이 예순여섯이었다.

독립운동에 투신했던 이회영의 형제와 가족들도 굶어 죽거나 병사하는 등 비참한 최후를 맞았다. 만주로 떠난 여섯 형제 가운데 유일하게 고국으로 돌아온 사람은 다섯째 이시영이었다. 그는 해방 후 초대 부통령까지 지냈지만 이승만의 전횡에 반대하며 결국 부통령직을 사임했다. 시대와 타협하지 않는 가문의 전통을 보여준 것이다.

누구도 억압하지 않고, 누구에게도 억압당하지 않는 사회

뜨거운 가슴과 냉철한 이성을 가졌던 혁명투사, 이회영. 그는 일제뿐만 아니라 모든 독재, 억압적인 권력 앞에 단호했다. 스탈린 체제가 독재로 나타나자 공산주의와도 분명하게 선을 그었다. 권력 다툼을 하던 임시정부와도 일정한 거리를 유지하면서 중국의 혁명작가 루쉰과 러시아의 맹인 무정부주의자 예로센코, 신채호 등 아나키스트들과 연대해 활약했다. 그는 '자유와 평등'을 실현할 대안으로 아나키즘에 주목했다. 아나키즘은 흔히 무정부주의로 번역되어 혼란 상태를 떠올리게 하지만, 사실은 강제에 의하지 않은 자유로운 협동과 이를 기반으로 한 공동체 활동을 중심으로 삼는다. 우당과 교우했던 독립운동가들 중 상당수가 아나키스트였다. 하지만 그 시절 좌도 우도 아닌 그들은 자유주의 체제와 전체주의 체제 양편 모두에게 환영 받지 못했다.

이회영은 독립운동 진영에서 누구보다 인망이 높았지만 감투를 싫어하는 천성과 아나키스트적인 기질 때문에 전면에 나서기를 꺼려했다. 우당은 신민회, 경학사, 신흥무관학교 등을 만들었지만 직책

을 맡은 적이 없었다. 자신을 내세우는 글도 남기지 않았다. 이런 이유 때문에 여운형이 만들었던 〈중앙일보〉는 우당이 서거한 뒤에 그를 한 번도 자신을 내세우지 않았던 '이면 지도자'였다고 평가한 바 있다.

그가 평생 열망한 것은 단순히 조국의 독립이 아니었다. 어릴 때부터 자신의 집에 있는 아전과 노비들에게 높임말을 했던 그가 꿈꾼 세상은 누구도 억압하지 않고, 누구에게도 억압당하지 않는 사회였다. 누구나 평등하게 함께 어울려 사는 대동大同세상이었다. 그는 '독립한국은 만인이 자유와 평등을 누릴 수 있고, 공평하게 행복을 누리며, 자유롭게 발전할 수 있는 기회가 균등하게 부여될 수 있는 사회가 되어야 한다. 지배 없는 세상, 억압과 수탈이 없는 세상이 우리 독립한국에 실현되어야 한다'는 신념을 가지고 있었다. 『이회영 평전』을 쓴 김삼웅 전 독립기념관장은 우당을 다음과 같이 평가하고 있다.

"'역사가 무엇인지를 묻지 말고, 누구를 위한 역사인가를 물어야 한다'고 말한 사학자 케이스 젠킨스의 주장대로 역사는 물론 국가 정부가 누구를 위해 존재하는지, 지도층의 의식과 자세가 어떠해야 하는지를 이회영은 온몸으로 보여준다. 그의 생애는 살아 있는 교과서요 '지나간 미래상'이다."

1910년 겨울바람이 옷깃에 스며드는 새벽, 모든 것이 보장된 고향을 등지고 조국의 독립을 위해 만주벌판으로 떠났던 한 사나이, 모두가 사람답게 사는 세상을 꿈꿨던 한 젊은 혁명가는 이렇게 이야기 했다.

"세상에 인간으로 태어나서 누구나 자기가 바라는 목적이 있네. 그 목적을 달성한다면 그보다 더한 행복이 없을 것이네. 그리고 그 목적을 달성하기 위하여 그 자리에서 죽는다 하더라도 이 또한 행복이 아니겠는가."

참고서적

신흥무관학교와 망명자들 서중석, 역사비평사, 2001
이회영과 젊은 그들 이덕일, 역사의아침, 2009
이회영 평전 김삼웅, 책으로보는세상, 2011
한민족독립운동사자료집 11 국사편찬위원회, 1987

quaestio 02 이상한 밀지

光海君日記卷第一百六十六
六月朔辛未備邊司啓曰本司以多張
耀兵之意下諭于賀畫諸臣虞芙賊勢
張誼先亦不可把之形事請更爲下諭
爲善處徑先交鋒則生釁必矣如
詳問姑勿交鋒即爲酬應十分臨機
差官入送今亦已晩左相出仕後尚不
手二百年宗社存亡何不念及而徒
豈如此也鄭忠信不可不入送詳探
慶○傳曰賊勢日熾而我國兵力人
熊過湄天之亮鋒手鐵騎䃳䃳之

"때를 보아 투항하라."

임진왜란의 광풍이 조선을 휩쓴 지
얼마 지나지 않은 1619년

후금과 전쟁 중이던 명나라에서
조선군을 요청했다

"임진왜란 때 구원해준 망극한 은혜가 있으니
나라가 망할지언정 보내지 않을 수 없습니다."
-『광해군일기』

임진왜란 당시의 격전 장면을 조선후기 동래부 화원 변박이 그린 기록화 〈동래부순절도〉의 일부

급변하는 동아시아 정세

여진족을 통일한 후금後金!

중원의 오랜 강자 명明!

이 두 나라가 맞부딪힌
1618년 명·후금 전쟁

아무도 예측할 수 없는 전쟁의 승패
동북아시아 패권을 장악한 명나라를 거스를 수도
엄청난 군사력을 앞세운 후금과 적이 될 수도 없는 상황

왕세자 시절,
임진왜란으로 인해
처참히 짓밟히는 백성들의 삶과
무너지는 나라의 참상을
온몸으로 체험했던 광해군은
외국어에 능통한 통역관 강홍립을
총사령관으로 임명한다

그리고 은밀히 내린 명령

"명나라 장수의 말을 그대로 따르지 말고
 오직 패하지 않을 방도를 구하는 데 힘쓰라."
- 『광해군일기』

임금이 전쟁터로 떠나는 총사령관에게 보낸 밀지密旨

임금은 이기라고 하지 않았다
투항하라고 했다

명군과 함께 싸우다 적에게 포위된 조선군은
후금의 강화講和 요청에 순순히 항복
총사령관 강홍립은 후금에게 조선의 입장을 밝혔다

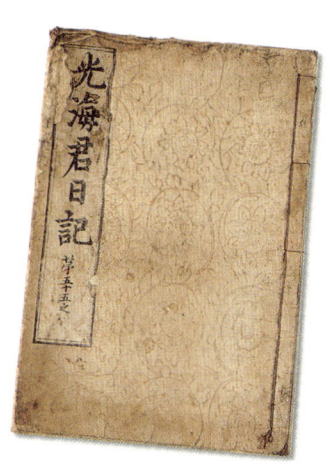

"조선은 후금에 대한 원한이 없고
지금 출병한 것은 부득이해서다."
—『자암집』

명이냐 후금이냐
명분이냐 실리냐

그 간극을 유연하게 조절했던
광해군의 외교정책

광해군의 뜻을 확인한 후금은
조선 침략을 유보했다

하지만

1623년
인조반정

광해군 폐위와 함께
그의 외교정책도 폐기된다

그리고

1636년
후금이 세운 청나라의 조선 침략

조선은 삼전도에서
굴욕적인 항복의식을 치러야 했다

강홍립이 후금에 투항하는 장면을 그린 김후신의 〈양수투항도〉

quaestio 02

오늘날 새롭게 조명되고 있는 광해군

광해군과 연산군은 우리 역사에서 패악한 군주로 기억되는 인물들이다. 이들이 '종'이나 '조'로 끝나지 않고 '군'으로 마침표를 찍은 것도 그런 이유였다. 그런데 역사는 과연 이들에게 공정했던 것일까?

TV사극의 단골 레퍼토리였던 조선 제15대 임금 광해군光海君. 그는 삶 자체가 드라마틱했다. 서자로 태어나 설움 속에 살았던 유년시절도 그렇거니와 생각지도 않던 왕세자가 되었지만 궁보다 전쟁터를 돌며 지낸 것이나, 우여곡절 끝에 왕이 되어서도 불안 속에서 살아야 했던 것이 그렇다.

오랫동안 난폭한 폭군, 판단이 흐린 혼군昏君으로 평가됐던 광해군은 400년이 지난 오늘날 주요한 화두가 되었다. 2012년 국내에서 천만 관객 몰이를 한 영화 〈광해, 왕이 된 남자〉로 그는 뛰어난 중립 외교를 펼친 명군名君으로 새롭게 조명되고 있다. 혼군과 명군, 이 극명하게 대비되는 평가는 어디에서 비롯된 걸까? 그가 오늘날 새롭게 평가 받는 배경은 무엇일까?

광해군은 조선 제14대 임금인 선조와 후궁인 공빈 김씨 사이에서 태어난 둘째 아들이었다. 왕비가 낳은 적자가 아닌 후궁이 낳은 서자였고, 장남이 아닌 차남이었다. 더욱이 어머니는 두 살 때 세상을 떠났고 아버지는 광해군에게 무관심했다. 그렇게 찬밥 신세나 다름없던 그가 1608년 왕의 자리에 올랐다. 기적이나 다름없었다.

광해군의 운명을 바꿔놓은 것은 임진왜란이었다. 1592년 4월 중순, 20만 명의 일본군이 부산 앞바다에 물밀듯이 밀려왔다. 열흘 쯤

이상한 밀지

지나자 왜군은 부산에서 충주까지 파죽지세로 밀고 올라왔고, 적이 곧 들이닥칠 것이란 소문에 조정은 공황상태에 빠졌다. 다른 방책이 없었던 선조는 신하들의 건의를 받아들여 의주로 몸을 피하기로 결정했다.

만일의 상황에 대비해 왕위를 이을 세자도 책봉해놔야 했다. 왕비인 의인왕후와의 사이에서 아들이 없던 선조는 부랴부랴 후궁들의 아들 가운데 가장 영특하다고 여겨왔던 광해군을 세자로 책봉했다. 포악스러워 왕실의 골칫거리였던 장자 임해군을 세자로 앉히기엔 너무 부담이 컸기 때문이다.

〈임진전란도〉 일부

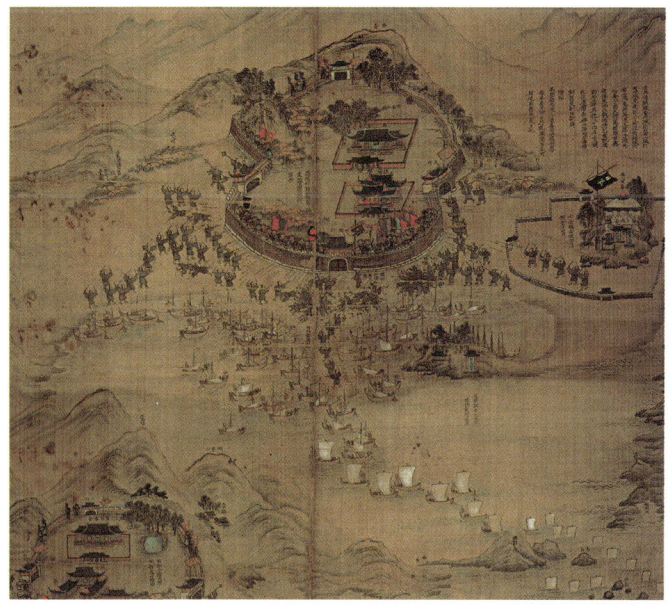

열일곱 살의 나이에 엉겁결에 왕세자가 된 광해군에게 성대한 의식은 없었다. 곧바로 피난 보따리를 싼 왕세자는 전장으로 나섰다. 선조는 세자인 광해군에게 분조分朝를 맡겼다. 분조란 말 그대로 '조정의 분소', 일종의 임시정부였다. 선조가 명나라로 망명하거나 화를 당할 경우까지 대비한 것이다. 선조가 이끄는 조정은 의주와 평양 등에 있었고, 광해군의 분조는 전국 방방곡곡 현장으로 옮겨 다녔다. 왜군이 주둔하는 위험한 지역을 지나야 했고, 한여름 뙤약볕을 견디며 고갯길을 넘어야 했다. 노숙을 할 때도 잦았다. 하지만 광해군은 풍찬노숙 고생길을 마다하지 않았다. 2년이 넘는 기간 동안 전선戰線을 돌며 백성들의 형편을 살폈다.

 "평안도에서 강원도로 나와 이천伊川 지방에 머물면서 여러 고을에 격문을 돌려 원근의 인사를 불러모았다. 이에 산곡에 도망가 숨은 백성들이 그 부름에 응하여 구름처럼 모여들면서 모두들 우리 임금의 아들이다 하였는데, 열흘도 못 되어 그 성세가 크게 떨쳤다."
　　　　　　　　　　　　　-『선조실록』, 선조 32년(1599) 8월 21일

 나라가 다 망했다고 여겼던 백성들에게 광해군은 구세주와 같았다. 그는 민심을 다독였고, 경상도나 전라도로 내려가 군량을 모았으며 병사를 모아 왜군에 대항했다. 그는 민심과 하나되는 것이 위기 극복의 본질임을 몸으로 깨우쳤고, 전쟁은 어떻게든 피해야 한다는 생각을 굳히게 되었다.
 7년 만에 전쟁은 끝났다. 광해군은 세자로 능력을 인정받았다고 여겼지만 아버지 나라인 명은 그를 세자로 승인하지 않았고, 선조는 백성들이 자신보다 광해군을 더 믿고 따르게 되자 그를 시기했다. 한양을 떠나 의주까지 피난을 가는 동안 도망가는 임금이라며 차갑게 등 돌리던 민심에 선조는 깊은 상처를 입고 있었다. 그뒤 왕후의 죽음으로 홀로되었던 선조는 새로 맞아들인 정비 인목왕후에게서 늦둥이 영창대군을 얻자 노골적으로 광해군을 멀리했다. 조정은 곧 광해군파와 영창대군파로 갈렸다. 하지만 1608년 선조가 세 살배기 영창대군을 남기고 세상을 떠나면서 논란은 의외로 빨리 마침표를 찍었다. 그러나 이는 또 다른 파란의 예고였다.

광해군의 실리외교, 후금과 명 사이에서

열일곱 살에 세자가 되었던 광해군이 왕좌에 오른 건 서른세 살 때였다. 그는 16년간 왕세자를 경험한 준비된 왕이었다. 그러나 왕의 자리는 위태로웠다. 이복동생인 영창대군은 광해군에게 큰 부담이었다. 왕위에 오르자 그는 먼저 영창대군을 지지했던 세력들을 제거해나갔다. 영창대군을 옹호하는 역모사건이 일어나자 영창대군을 강화도로 보내 아홉 살 어린 나이에 죽게 만들었다. 영창대군의 외할아버지인 김제남에게는 사약을 내렸고, 생모인 인목왕후는 평민을 뜻하는 서인庶人으로 격하시켜 경운궁(오늘날의 덕수궁)에 가둬놓았다. 이 일은 광해군을 포악한 임금으로 평가하게 하는 출발점이 되었다.

  왕권에 걸림돌이 되는 것을 하나둘 제거해가면서 광해군은 자신의 지지세력을 만들어나갔다. 임진왜란 때 의병활동에 적극적이었던 정인홍 등 이른바 대북파들이었다. 이들은 명의 위세가 점차 기울어가는 것을 눈치채고 있었다. 만주지역에 근간을 둔 세력들의 성장을 목격하였기 때문이다. 그러나 당시 조정은 사대주의 명분론에 사로잡힌 서인西人 세력이 주도했다. 광해군의 입지는 좁았지만 그는 군주로서 소신을 갖고 해야 할 일을 챙겨나갔다. 임진왜란 동안 평안도와 황해도 등지를 다니면서 북방의 정세에 밝아진 광해군은 왕위에 오르자마다 북방 경계에 각별히 신경을 썼다.

"오랑캐의 속셈이 무엇인지 알 수가 없으니 방비함에 있어 모든 노력을 다 기울여야 할 것이다. 척후를 보내고, 봉수烽燧를 관리하며, 적들의 첩자에 대비하고, 우리의 첩자를 잘 운영하라. 군의 기강과 규율을 엄격히 해야 한다."
ㅡ『광해군일기』, 광해군 1년(1609) 10월 16일

조선, 명나라, 일본 3국이 총력전을 벌인 임진왜란은 동북아 질서를 뒤흔든 거대한 국제전이었다. 당시 북방은 크게 요동치고 있었다. 황제의 나라로 자부하며 영원히 권력을 휘두를 것 같았던 명은 임진왜란 때 조선에 파병한 것이 부담이 되어 휘청거렸다. 반면 압록강 북쪽에서는 누르하치가 이끄는 여진족이 무섭게 힘을 뻗어가고 있었

청 태조 누르하치 초상화

다. 마침내 1616년 여진족은 국호를 '후금'이라 칭하고 누르하치를 왕으로 추대했다.

광해군은 국제 정세를 냉정하게 보려 했다. 이빨 빠져 가는 늙은 호랑이 명나라냐, 무섭게 성장하는 아기 호랑이 후금이냐. 현실을 객관적으로 보기 위해 광해군은 『고려사』를 읽으며 과거의 외교정책을 유심히 살폈다. 송과 요, 금, 원 등과 고려가 어떻게 관계를 만들어갔는지를 연구했고, 그 결과 고려가 존재할 수 있었던 힘이 명분이나 의리가 아닌 명확한 현실 인식에 바탕을 두고 있음을 발견했다. 당시 동북아의 중심은 여진의 후금, 나중에 청이 되는 만주세력으로 옮겨가고 있음이 분명했다.

광해군이 왕이 된 지 10년째 되던 1618년, 그의 외교력은 첫 시험대에 올랐다. 명이 조선에 파병을 요청한 것이다. 신하들은 파병을 당연하게 생각했다. 아버지가 망하는 것을 자식이 보고만 있을 수 없다는 이유였다.

"중국은 부모의 나라로 멸망할 지경에 이른 조선을 다시 세워준 은혜가 있는데, 지금 외부로부터 수모를 당하여 우리에게 군사를 요청해왔으니 당연히 달려가 응원해야 하지 않겠습니까?"
　　　　　　　　　－『광해군일기』, 광해군 10년(1618) 윤4월 24일

신하들은 한 목소리로 '재조지은再造之恩(거의 망하게 된 것을 구원하여 도와준 은혜)'을 외쳐댔다. 생전에 선조가 입버릇처럼 써오던 표현이었다. 하지만 광해군의 생각은 달랐다. 조선이 파병을 감당할 상황이 아닐뿐더러 명의 국운은 이미 기울었다고 판단했다. 일단 광해군은 시간 끌기 전략을 펼쳤다. 황제가 칙서를 보내야 움직일 수 있다, 섣불리 조선 병사가 참전했다가는 오히려 명에게 피해만 준다는 등의 논리를 앞세워 파병을 늦추려 했다. 다른 한편으로 북방으로 사

람을 보내 현장의 긴박한 상황을 파악했다.

　이런저런 묘책으로 파병을 피하려 했지만 결국 명 황제의 파병 요구 칙서는 도착했다. 더이상 피할 길은 없었다. 파병 요청을 받은 이듬해 1619년 2월, 광해군은 왕의 통역관으로 일해온 충신 강홍립을 총사령관인 도원수에 임명하고 명으로 1만 3,000여 명의 병사를 보냈다. 더불어 강홍립에게 은밀하게 메시지를 전했다. "전쟁 상황을 보아 후금에 투항해도 좋다"는 내용이었다. 다른 신하들은 일체 모르게 한 '왕의 밀지'였다.

　광해군의 심중을 헤아린 강홍립은 우선 명의 편에서 전투에 임했다. 얼마 되지 않아 광해군의 예측대로 조선과 명의 연합군은 후금에 크게 패하고 말았다. 속전속결로 들이닥치는 후금의 날쌘 기마대를 당해낼 도리가 없었다. 조선 병사 대부분은 전사했고 강홍립은 남은 조선군을 이끌고 후금에 항복하였다. 의도된 항복이었다. 강홍립은 '후금과의 전쟁을 원치 않는다'는 조선 임금의 뜻을 전달했다. 후금의 공격대상이 되지 않기 위한 광해의 이중외교였다.

명보다 백성의 생명을 소중히 여기다

아버지 명을 돕지 않고 오랑캐 후금에게 항복한 강홍립은 천하의 역적이 됐다. 처단해야 한다는 여론이 들끓었다. 이때 광해군은 강홍립의 편을 들면서 명분론에만 사로잡힌 대신들을 향해 크게 호통을 쳤다.

　"적의 군사력이나 전략이 당해내기 어려우니 앞으로 어떤 환란이 닥칠지 예측할 수가 없다. 나라를 위해서는 상하가 합심하여 오로지 부국강병에 심혈을 기울여야 하는데, 이는 생각하지 않고 강홍립의 처자를 벌하는 일에만 몰두하고 있으니, 내 속으로 헛웃음이 나온다."

— 『광해군일기』, 광해군 11년(1619) 4월 8일

다음 날, 광해군은 신하들 앞에서 향후 외교의 방향을 분명하게 밝혔다.

"명나라를 섬기기를 더욱 정성껏 함과 동시에 한창 기세가 왕성한 적을 잘 다독여야 한다. (…) 지금 적이 매우 사납게 날뛰지만 현명하고 유능하게 대응한다면 고려 때처럼 재앙을 막고 국가를 지켜 전쟁의 재난을 입지 않을 것이다."

— 『광해군일기』, 광해군 11년(1619) 4월 9일

광해군은 명과 후금 사이에서 조선에게 쏠리는 위험을 덜 수 있는 방식을 선택했다. 세자로 책봉된 후 27개월 동안 전쟁터를 다니면서

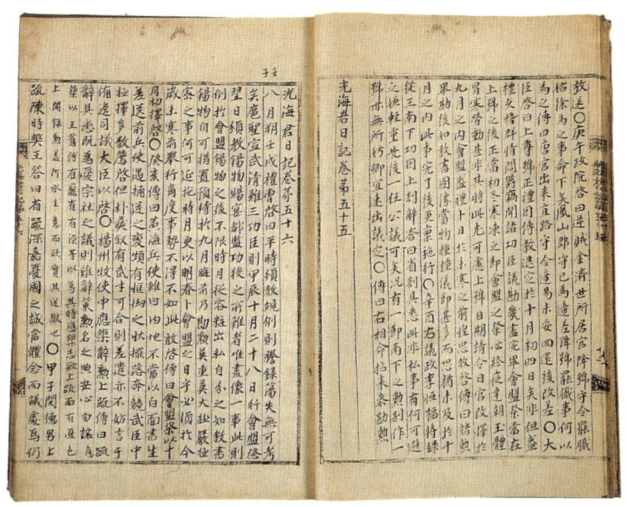

『광해군일기』의 일부

조선의 어느 임금보다 백성의 삶을 가까이에서 지켜봤던 그였다. 당시 백성의 삶은 처참했다. 논밭이 쑥대밭이 되면서 풀뿌리와 나무껍질로도 목숨을 이어가기가 어려웠던 조선 백성들은 인육을 먹는 지경에까지 이르렀다. 죽음과 삶의 경계가 따로 없었다. 그 참상을 바라본 광해군에게 무엇보다 우선이었던 것은 백성의 안정이었다.

결국 광해군은 자신이 정치적으로 고립될 것을 예상하면서도 명에서 요청해온 2차 파병을 거부했다. 광해군의 의중을 파악한 후금은 조선으로 향하려던 발걸음을 명나라 쪽으로 돌렸다. 쇠퇴해가는 명과 신흥 강자 후금의 사정을 정확히 꿰뚫고 대처한 국왕 덕분에 조선은 전쟁을 피해갈 수 있었다.

광해군은 집착에 가까울 정도로 국방 문제에 관심을 쏟았다. 주변 국가의 동향을 예민하게 탐지하는 데 관심을 기울였고, 후금의 기마병에 대비하고자 화포를 비롯한 무기를 제작하는 데에도 힘썼다. 원수로 여겼던 일본과 국교를 재개하고 조총을 구입할 수 있을지 은밀히 타진하기도 했다. 정세 변화에 빠르게 대응하기 위한 조치였다.

한편 전쟁 이후 황폐해진 국가를 다시 세우는 데에도 주력하였다. 농지를 많이 소유하면 세금을 더 많이 내게 하는 대동법을 실시하는 등 민생을 돌보고 국가재정을 안정시키고자 했다. 개혁정치가들의 단골 주장이었으나 사대부의 반대로 번번이 무산되었던 법을 실행에 옮긴 것이다. 또한 백성의 건강을 돌보기 위해 선조의 죽음을 막지 못한 죄를 뒤집어쓰고 억울한 귀양살이를 하던 허준을 불러내 『동의보감』을 편찬하도록 지원했다. 이 밖에도 임진왜란 중에 불타버린 궁궐을 다시 지었고, 전란으로 불타버린 사서들을 중국에 가서 구해오도록 하는 등 문화사업에도 힘을 쏟았다.

그러나 명분론에 사로잡힌 서인 세력에게는 광해군이 은혜를 모르는 배은망덕한 인물이자 동생을 죽이고 어머니를 폐위시킨 패륜아로밖에 보이지 않았다. 또한 광해의 개혁정치로 입지가 줄어들게 되자 위기감을 느낀 이들은 광해군 탄핵 쪽으로 의견을 모으기 시작했다. 명에 파병을 보냈다가 강홍립이 항복하고 돌아온 뒤 4년 동안 서인 세력은 광해군을 끌어내리려 호시탐탐 기회를 노렸고, 끝내 인조반정으로 눈엣가시 같았던 광해군을 내쫓았다. 뼛속까지 중화주의에 사로잡혔던 세력의 쿠데타였다.

광해군은 왕이 된 지 15년 만인 1623년, 권좌에서 내려왔다. 그 후 재임 기간보다 길었던 19년의 세월을 제주에서 귀양살이했다. 궁에서 내쫓긴 왕의 말년은 비참했고 마지막 가는 길도 쓸쓸했다. 1641년 향년 67세를 일기로 죽음을 맞이했을 때, 계집종 혼자 염을 하고 있었다고 한다.

광해군 다음으로 왕위에 오른 인조와 서인 세력은 오로지 '재조지은'을 고수했다. 광해군 때 편찬된 『선조실록』은 믿을 수 없다며 재조지은의 원조격인 선조의 실록을 『선조수정실록』으로 재편찬했다. 또한 명나라만을 바라보고 있다가 그들이 오랑캐 세력이라 부르며 무시한 후금의 침략을 당했다. 정묘호란과 병자호란이다. 백성은 다시 끔찍한 살육과 치욕의 현장으로 내던져졌다.

성군인가 폭군인가

조선 제15대 임금 광해군은 경기도 남양주의 산자락에 묻혀 있다. 무덤도 '릉'이라고 칭해지는 다른 왕들과 달리 '묘'라는 이름으로 찾는 이 없이 방치되어 있다. 실록을 편찬했지만 '실록'이라 하지 않고 『광해군일기』로 불린다. 광해군을 평가하고 기록한 이들은 그를 폭군, 패륜아로 매도한 서인 세력이었다. 오랜 세월 동안 그가 나라를 어지럽힌 군주로 평가절하 되었던 이유다. 광해군이 자신의 왕권을 지키기 위해 형제들을 죽이고 계모인 인목대비를 유폐한 것은 사실이다. 하지만 광해군의 외교능력은 아버지 선조와 비교할 수 없을 정도로 탁월했다.

광해군이 새롭게 조명받기 시작한 것은 20세기 들어서다. 일제강점기 한 일본인 학자가 광해군을 '실용주의 외교로 백성에게 은택을 입힌 군주'라고 평가했고, 이후 국내 역사학자들 사이에서도 광해군의 치적을 높게 평가하는 사람들이 나타났다. 오늘날 한국의 국사교과서는 물론 북한의 역사서도 외교 업적과 관련해서는 광해군을 긍정적으로 평가하고 있다. 전후 강력하게 복구정책을 펼쳐나갔고, 현실을 냉정히 보고 외교력을 발휘해 조선이 전쟁터가 되는 것을 막았던 사실만큼은 분명히 인정하자는 것이다.

광해군은 21세기 들어 거듭 '부활'해 전성기를 누리고 있다. 대표적인 예가 지난 2004년 이라크 파병 여부를 놓고 찬반론이 나뉘었을 때다. 이후 2012년 대통령 선거를 앞둔 시점에 개봉한 영화 〈광해, 왕이 된 남자〉가 1,200만 명이 넘는 관객을 모으면서 지도자로서 광해군에 대한 관심은 어느 때보다 뜨거워졌다. 광해군의 외교정책에 대해 연구해온 명지대 사학과 한명기 교수는 "광해군 시대의 한반도나 오늘 우리가 사는 한반도나 여전히 주변 열강의 입김으로부터 자유롭지 못하다는 공통점을 갖고 있다"면서 "소명의식을 갖춘 지도자, 자주외교에 대한 사람들의 바람이 계속해서 광해군을 불러내고 있다"고 말한다.

이에 맞서는 다른 의견도 있다. 오항녕 전주대 언어문화학부 교수는 광해군의 외교정책은 강대국 눈치를 보는 '기회주의 외교'였다고 비판한다. 궁궐 재건 등 무리한 토목공사로 민생을 파탄 냈고 신하들과 국정 토론을 하는 경연도 게을리했던 무능한 군주였다는 것이다.

광해군, 그는 과연 성군일까 폭군일까? 그 판단에 앞서 적어도 이것만은 확실하게 대답할 수 있을 것이다. 한반도를 둘러싼 외교의 격랑 속에서 광해군은 앞으로도 거듭 호출될 것이라는 사실이다.

참고서적

광해군 : 그 위험한 거울 오항녕, 너머북스, 2012
광해군 : 탁월한 외교정책을 펼친 군주 한명기, 역사비평사, 2000
역사스페셜 6 KBS 역사스페셜, 효형출판, 2003
조선 평전 신병주, 글항아리, 2011

quaestio

03 말의 길, 언로

"아니 되옵니다!"

하루 종일 임금 옆에서
말, 말, 말!

'말'이 주된 업무인 관료 '대간臺諫'
하지만 왕에게 '말'을 올리는 자리가
가벼울 수는 없는 법

지부극간 持斧極諫
도끼로 죽을지언정
말을 물리지 않겠다는 결의를 담아

순지거부 順志拒否
왕과 다른 의견도
거침없이 내놓아야 하는 무거운 자리

"대간이 비록 직위가 낮으나 역할은 재상과 동등하다.
궁궐에서 왕과 더불어 시비를 다툴 수 있는 사람은
오직 대간뿐이다."
- 『경제문감』

언제 사라질지 모를 대간의 '목숨'
언제 사라질지 모를 대간의 '말'

그래서 생겨난
불문율

대간불가죄 臺諫不可罪
자유로운 발언을 위해
대간이 어떤 말을 하더라도 처벌하지 않고

불문언근 不問言根
어떤 말을 하더라도
왕은 출처를 묻지 않았다

한 나라의 정책을 결정하는 왕이
'보다 많은 말'을 듣고
'가장 좋은 답'을 찾기 위해
마련해놓은 길

말의 길
소통의 길
'언로言路'

"언로를 활짝 열어
미천한 것이라 해서 그것을 가벼이 여기지 말고
진부하다 하여 소홀히 하지 말고
비위에 저촉된다 하여 죄주지 말아야 합니다.
(…)
사방을 보는 눈이 밝게 하고
사방을 듣는 귀가 트이게 하여
국가의 맥이 서는 터전을 마련하소서."

– 『선조실록』, 선조 27년(1594) 7월 9일

言路

督捧於細民其他種種難可盡達而臣竊怖
傷至於今日徒尚寬仁當死不罪奸憸不懲
綱蕩然前後不同有若二朝廷焉此誠何故
之嘉猷圖治之急務以臣觀之殿下徒
惟願為國以誠圖治以實廣開
該曹回啟而審察其可行者政涉病民必袪
且姑息之政則盤石炎火觸碎犯焦之效行
誠陳疏者毋徒曰省疏具悉而採擇其可
振舉綱

quaestio 03

조선 통치의 중심추, 대간

조선의 제9대 임금인 성종 치하 당시, 권세를 떨치던 한명회는 어느 날 탄핵을 당해 공직에서 물러나고 만다. 발단은 중국 사신 접대에서 시작됐다. 한명회는 개인 별장인 압구정이 비좁다면서 궁궐에서만 사용하는 장막을 사용하게 해달라고 왕에게 요청했다. 성종은 공식 별장인 제천정에서 하면 될 것을 굳이 개인 별장에서 대접할 필요가 있느냐면서 한명회의 청을 거절했다. 이에 한명회는 부인이 아파서 만찬 자리를 옮기기 어렵다며 난색을 표했다. 사헌부는 이 같은 한명회의 태도가 도를 넘어섰다며 당대 최고의 권력을 낙마시켰다.

나는 새도 떨어뜨릴 정도의 막강한 권력을 행사했던 사헌부는 오늘날로 치면 언론기관이다. 이곳에 근무하던 이들은 "전하, 아니 되옵니다!"라고 말하는 것을 주된 임무로 삼았다. 이들을 조선시대에 '대간臺諫'이라 불렀다.

대간은 사헌부의 다른 이름인 어사대의 관원이라는 뜻의 '대관臺官'과 사간원의 '간관諫官'을 합해서 부르는 명칭이다. 대관은 관료들의 부정부패를 감시하는 일을, 간관은 임금의 잘못을 지적하여 바로잡는 일을 맡았는데 이들의 업무는 시간이 갈수록 통합되어 크게 구분되지 않았다. 이들은 양반 지배층의 여론을 대변한다 해서 '언관言官'이라고도 했다. 요즘으로 치면 언론기관, 감사원, 검찰의 성격을 함께 띠고 있던 것이다.

대간은 군주의 '이목지신耳目之臣'이었다. 군주의 눈과 귀가 되었던 그들은 조선시대 여론정치의 주역이었다. 임금이 잘못된 길로 갈 때마다 그들은 서슴없이 "이러시면 아니 되옵니다"라고 말하며 군주를 바른 길로 인도하려 했다.

대간제도가 마련된 것은 신라 진흥왕 때로 거슬러 올라간다. 중국에서는 주나라 때부터 생겨 당과 송대에 와서 제도화되었다고 하는데, 중국의 대간은 황제의 권력에 짓눌려 그 역할을 제대로 하지 못했다. 우리나라에서는 고려시대에 대간제도가 정비되었고, 조선에 와서 제도적으로 정착되었다.

조선 건국의 일등공신 정도전은 새롭게 세우는 왕조를 튼튼히 이어나갈 수 있는 뼈대를 마련하기 위해 고심했다. 오랜 고민의 결과는 왕권과 신권의 균형과 견제로 압축됐다. 그래서 '언론삼사言論三司'라고 해서 학술자문 역할을 하던 홍문관과 함께 사간원, 사헌부를 두었다. 그 가운데 핵심은 조정의 정치를 감시, 비판하는 사간원과 사헌부였다. 이 바탕에는 조선왕조의 중요한 통치이념인 왕도정치가 깔려 있다. 왕도정치는 다양한 의견을 들어 백성을 위한 정치를 펴는 것, 다른 말로 왕의 덕을 기본으로 하는 민본정치다. 백성의 뜻을 알아서 정책으로 펼 수 있으려면 백성의 말을 들을 수 있는 통로, 언로言路를 활짝 열어두어야 했다.

정도전은 이성계에게 지어 바친 〈문덕곡文德曲〉에서 '작개언로作開言路' '대개언로大開言路'라는 말을 쓴다. 임금이 수행해야 할 중요한 덕목의 첫째로 언로를 여는 것을 강조한 것이다.

대간은 왕에게 잘못이 있다 싶으면 거침없이 바른 소리를 했다. 고위 정치관료의 비리와 잘못도 거리낌 없이 탄핵했다. 대간을 의식하면서 신하는 왕권을 견제했고 왕은 신하를 견제했다. 관료들끼리도 어느 한 사람이 권력을 마음대로 휘두를 수 없도록 서로가 서로를 경계했다. 이는 건강한 긴장관계를 만들어 독점과 부패가 자라나는 것을 막았다. 왕정체제 내부의 민주적 제도였다.

대간은 천하제일의 인물만이 될 수 있다

대간이 "이것만은 아니 되옵니다"라고 외치는 경우는 크게 네 가지였다. 우선 국왕이 자신의 일을 게을리할 때였다. 숱하게 올라오는 상소를 읽고 서류를 결재하는 일은 국정의 기본이기 때문이다. 인사 문제를 공정하게 처리하지 않았을 때도 여지가 없었다. 대간은 국왕의 인사권을 제약했기 때문에 왕권을 견제하는 강력한 수단이 될 수 있었다. 또한 임금이 대간의 의견을 묵과해버리거나 처벌할 때, 국왕이 신하들과 함께 유교경전과 역사를 공부하면서 국정에 대한 토론을 하는 자리인 경연을 소홀히 할 때 대간들은 직언을 서슴지 않았다.

대간은 직책의 성격상 고위층을 탄핵하거나 왕 앞에서 목숨을 걸고 직언을 해야 했기 때문에 자격 요건이 엄격했다. 학식이 높고 청렴하며 강직한 사람이어야 했다. 정도전은 "대간은 천하제일의 인물만이 될 수 있다"고 말한 바 있다.

대간에게는 초고속 승진이라는 남다른 특권이 주어지기도 했다. 당시 보통 양반들이 종6품부터 정3품 당하관까지 오르기 위해 약 32년이 걸렸던 것에 비해, 대간은 6년이면 그 자리에 오를 수 있었다. 대간 개인 각각은 독립된 기관으로 신분을 보장받았다. 직책은 낮았지만 대간의 권위와 위신은 다른 어느 관리보다 높았다. 고위관료라 할지라도 대간의 인사에 정중히 답례해야 했다. 사간원 내부에서는 윗사람 아랫사람 따져 예의를 갖추지 않았고 행동 또한 자유로웠다.

『인조실록』의 한 대목은 왕을 대하던 대간들의 태도를 단적으로 보여주고 있다. 인조는 "그대들은 대간의 기를 꺾으며 욕보이는 것이 잘못이라는 것만 알고 군주의 기를 꺾으며 욕보이는 것이 중죄가 됨을 모르는 것"이라고 분통해 했다. 이에 대간들은 "명색이 간관인데, 그 말이 합당하면 흔쾌히 받아들여 널리 시행하면 되고, 그 말이 부당하더라도 또한 관대하게 용서하면 되는데, 어찌 대번에 견책을 가하여 그의 기상을 꺾어버린단 말입니까"라는 말로 응수하며 왕을 질타하였다.

이렇게만 보면 조선시대의 대간들은 무서울 게 없던 사람들처럼 보인다. 그렇다면 대간들이 잘못하는 경우에는 어떻게 했을까? 당시 대간제도는 절묘한 권력 균형을 이루고 있었다. 이조전랑(정5품 정랑과 정6품 좌랑)과 대간, 삼공육경(삼정승과 육조판서)이 서로 삼각관계를 이루어 한곳에 힘이 쏠리는 것을 경계했다. 대간에 대한 인사권은 오늘날의 서기관급인 이조전랑에게 주었다. 삼공육경은 상관으로서 이조전랑을 제어할 수 있었다. 삼공육경을 비롯한 고관대작을 견제하는 일은 대간의 몫이었다. 조선왕조가 안정된 정치를 구현할 수 있었던 비결은 바로 이 절묘한 삼각관계에 있었다. 몽테스키외가 삼권분립을 제창하면서 근대 민주정치제도의 기본을 세웠지만, 그보다 훨씬 앞서서 조선에서는 이미 권력의 전횡을 막는 견제와 균형의 원리가 실현되고 있었던 것이다.

언로가 열리면 위로, 닫히면 아래로

대간제도를 마련하긴 했지만 조선 초기부터 대간이 제 역할을 한 것은 아니다. 왕권을 키우고자 했던 태종이나 세조는 바른 소리를 하는 신하들의 입을 막았다. 조선의 언로를 연 임금은 세종이었다. 왕위에 오른 세종은 '의논'이란 말을 강조하면서 신하들에게 늘 진언과 직언을 해달라고 요구했다. 그래서인지 『세종실록』에는 유독 '더불어 의논한다與議'는 말이 자주 등장한다.

　세종은 되도록 다양한 의견을 듣고 정책을 결정했다. 농사 형편에 따라 세금을 차등징수하는 공법제도를 정착시키기 위해 무려 17년 동안 신하들의 의견을 듣고 토론을 이어갔다. 태종이 언로를 막고 '힘의 정치'를 보였다면, 세종은 언로를 열어 '정치의 힘'을 보여줬다. 그러나 세종의 아들 세조는 조카 단종을 폐한 뒤, 언로를 막아버렸다.

　내간과 관련해 군주가 잊지 말아야 할 몇 가지 덕목이 있었다. '납간納諫'과 '종간여류從諫如流'다. 납간은 간쟁을 받아들여야 한다는 뜻이고, 종간여류는 신하의 뜻을 거스르지 말고 물 흐르듯 따라야 한다는 뜻이다.

　이에 대한 실천적 기준도 있었다. 무슨 말을 해도 대간에게 죄를 물어서는 안 됐고, '불문언근不問言根'이라 하여 그 말을 어디에서 들었느냐고 출처를 절대 물어서도 안 됐다. 책임추궁을 당한 대간은 자유롭게 의견을 개진할 수 없다는 이유에서다. 오늘날 기자들이 취재원을 밝히지 못하는 것과 일맥상통한다.

　대간에게도 지켜야 할 원칙이 있었다. 첫째, 지부극간持斧極諫. 도끼를 지니고 간언을 하러 갔던 고사에서 비롯된 말이다. 도끼로 죽을지언정 왕에게 한 말을 물릴 수 없다는 다짐으로 쓴소리를 해야 했다. 또 하나는 순지거부順志拒否. 제아무리 군주의 뜻이라고 해도 옳지 않으면 비판하여 바꾸도록 해야 한다는 결의를 다졌다. 대간은 고언을 하되 독단적인 의견은 제시하지 않았다. 다른 언관들과 함께 논의해 합의를 이룬 뒤에야 임금에게 나아갔고, 본인에 대한 비난이

조선 후기 문신(간관) 김상석 영정
©이강칠 외, 『역사인물 초상화 대사전』, 현암사

있으면 그 잘못이 아무리 사소해도 스스로 대간직에서 물러났다.

대간이 크게 힘을 키운 건 성종대에 이르러서였다. 유교를 정치이념으로 확실하게 세우던 시기이기도 했지만 현실적인 이유 또한 컸다. 세조 때에 양산된 훈구공신들의 세력을 약화시키기 위해서였다. 당시 대간에 의해 탄핵된 인사는 무려 2,700여 명에 달했다. 탄핵은 권력의 높낮이를 따지지 않았다. 당대의 권신이었던 한명회도 무려 107번의 탄핵을 당했다. 최고 권력자 반열에 올랐던 임원준과 그의 아들 임사홍, 정인지, 유자광 역시 탄핵을 당했다.

대간들은 근거를 대기 어려운 '풍문'만으로도 탄핵을 했다. 근거를 대라는 반박을 당하면 "나라 사람이 다 안다"라든가 "사림士林이 다 알고 있다"며 사대부의 여론, 즉 공론을 근거로 댔다. 비록 국왕이 거부했다 해도 연달아 탄핵 당한 대신은 운신의 폭이 좁아지고 점차 정치적 영향력을 상실했다.

대간은 훈구세력을 밀어내고 성종 시대를 여는 데 큰 공을 세웠지만 시간이 흘러 거대해지면서 왕의 걸림돌이 되고 만다. 결국 성종은 홍문관의 언론 기능을 강화해 대간의 힘을 약화시켰다. 관료들과 대간 사이에서 꽤나 속앓이를 했던지 말년에 성종은 "대신과 대간이라는 두 마리 호랑이가 서로 싸우는 것 같다"는 말을 남기기도 했다.

아예 듣기 싫은 말은 듣지 않겠다고 귀를 막은 권력자도 있었다. 성종에 이어 권좌에 오른 연산군이다. 오늘날로 치면 '언론과의 전쟁'을 선포한 셈이다. 그는 관리들에게 '말을 삼가는 팻말'이라 하여 신언패라는 것을 목에 걸고 다니게 했다. 연산군은 직언을 하는 이들을 가만히 놔두지 않았다. 수족이 되어주던 환관 김처선을 잔인하게 죽였고 사관의 기록을 들춰 충직한 신하를 죽였다. 역사가 기록하고 있는 무오사화는 바로 연산군이라는 불통의 군주가 만들어낸 비극적 사건이었다. 그 뒤 연산군은 재위 12년 만에 중종반정으로 쫓겨났다. 중종 즉위 후 등용된 조광조는 정치개혁의 중심을 언론에서 찾았다.

"언로의 통색通塞이 국가에 가장 긴요합니다. 언로가 통하면 통치가 안정되지만 막히면 어지러워져 곧 망하게 됩니다. 군주는 모름지기 언로를 넓히는 데 힘써 공경백사로부터 시정 백성에 이르기까지 각기 자기의 말을 할 수 있도록 해야 합니다."

그가 추구한 언로 확보의 정신은 후대에 계승되었다. 율곡 이이는 "언로가 열리고 닫히는 데 국가의 흥망이 달려 있다. 공론이란 유국有國의 원기이다. 공론이 조정에 있으면 나라가 다스려지나, 만약 위아래 모두 공론이 없다면 나라는 망하고 만다"고 주장한 바 있다.

하지만 좋은 의도로 만든 제도도 현실 정치와 맞물리면 그 뜻이 흐려진다. 조선 중기 당쟁이 거세지면서 대간의 폐해는 극심해졌다. 대간의 인사를 좌우지할 위치에 있던 이조전랑이 대간들을 뒤에서 조종해 정치공세를 펼친 것이다. 『택리지』의 저자 이중환은 대간의 인사권을 쥔 이조전랑의 문제점을 강하게 비판했다. 결국 영조는 대간 임명권을 쥔 이조전랑의 권한을 유명무실화하고 대간의 언론권을 무력화했다.

특히 조선 후기 실학자들은 대간제도를 신랄하게 비판했다. 성호 이익은 탄핵의 문제점을 신랄하게 꼬집은 인물이다. 대간에서는 고위관료를 탄핵할 때 "모든 사람이 알고 있다"는 식으로 탄핵할 수 있었는데, 16세기부터 격화된 정쟁과 당쟁 속에서 그 진정성이 실종되고 말았다고 지적했다. '다수의 여론'이라는 실체 없는 정략적 공세로 무고하게 죄를 덮어씌우는 식이 되고 말았기 때문이다. 다산 정약용의 경우에는 대간의 자질을 문제 삼았다. 대간에 임명된 자들이 소신 있게 제 할 일을 하지 않고 시류에 편승하는 세태를 비판했다.

따라서 정조는 궁궐 밖으로 행차해 직접 백성의 말을 들으려 애썼다. 쓴소리가 귀에는 거슬리지만 정치에는 이로움을 아는 정조는 과거시험장의 유생들에게까지 '언론 활성화 방안'에 대한 질문을 던지며 진정한 언로를 열려고 노력했다.

조선은 대간제도뿐 아니라 다양한 방법으로 언로를 열어놓고 백성의 뜻을 받아들였다. 글을 쓸 줄 모르는 백성을 위해서는 '신문고'를 설치했고, 조선 후기에는 왕이 행차할 때 징과 꽹과리를 쳐 억울함을 호소하도록 하는 '격쟁擊錚'제도를 새로 만들어 시행했다. 백성들의 목소리를 통해 시정을 직접 파악함으로써 정보의 한계를 보완하고 민본정치를 구현하고자 한 것이다. 제도 밖에 비제도권 성격의 대간을 설치하려 한 셈이었다.

권력과 언론

조선이 500년 넘게 유지될 수 있었던 비결은 무엇이었을까? 이성무 한국역사문화연구원장은 그 비결로 조선왕조가 권력균형을 위해 마련한 제도와 노력들을 손꼽는다. 그 가운데 하나가 대간제도 등을 두어 언로를 개방한 것이었다.

조선이 개국 초기부터 통치의 중심에 놓았던 언로는 오늘날로 치면 '언론'이다. 언론의 역사는 출판의 역사와 함께하는데, 서양의 역사를 보면 대체로 그 흐름은 줄곧 '통제'에 있었다. 15세기 중엽 구텐베르크가 활판 인쇄기술을 개발한 뒤, 곳곳에서 책을 찍어내자 교회와 왕실 권력은 인쇄기술을 통제하고 탄압했다. 반면에 동시대를 살았던 조선은 언로를 열었다. 대간들이 직언을 할 수 있는 환경을 만들어 독립성과 자율성을 부여했다.

이뿐 아니다. 유럽의 신문들이 국내 정치에 대해 논평하는 사설란을 둔 것은 19세기 중엽에 이르러서였다. 그러나 소선은 개국 초부터 사관에게 직필을 강조했고 사관의 논평인 사론을 기록하게 했다. 권력 독점을 막으려는 노력은 조선 사회를 부패하지 않게 하는 소금과 같았다. 조선은 엄격한 유교질서를 따르며 신분제를 유지했던 폐쇄적인 사회였지만 정체되지 않았던 것은 언로를 열어 권력균형을 이루었던 노력 덕분이었다.

현대사회에서도 언론의 가장 중요한 역할은 '권력감시'다. 18세기 영국의 정치철학자 에드먼드 버크는 언론을 가리켜 '제4의 권력'이라고 정의했다. '제4의 권력'이란 말에는 언론이 입법, 행정, 사법부에 버금가는 힘을 갖고 있다는 뜻을 담고 있다. 또한 권력을 긴장하게 만드는 언론의 속성이 그 의미에 포함돼 있기도 하다.

권력을 감시하는 역할에 대해 언론학에서는 흔히 언론을 '파수견 Watchdog'에 비유하기도 한다. 올바른 언론이란 권력이 제 길을 가고 있는지, 알게 모르게 부정부패를 키워가고 있지 않은지 지켜보고 폭로하는 파수견, 감시견이 되어야 한다. 퓰리처상으로 이름이 널리 알려진 저널리스트 조지프 퓰리처는 언론의 기능을 "다리 위에서 국가라는 배를 감시하는 것"이라고 표현하기도 했다.

언론이 권력을 제대로 감시하고 비판하기 위해서는 무엇보다 언론이 자율성, 독립성을 갖고 있어야 한다. 권력의 하수인 역할을 하는 언론이어서는 냉철한 비판자로서의 역할을 기대할 수 없다. 이미 오늘날 대부분의 국가들은 헌법에서 '언론의 자유'를 정확하게 명시하고 있다. 우리 헌법은 제21조 제1항에서 "모든 국민은 언론·출판의 자유와 집회·결사의 자유를 가진다"고 적고 있고, 미국의 수정헌법 제1조는 "의회는 종교의 자유, 집회결사의 자유와 아울러 표현의 자유 또는 언론의 자유를 억압하는 어떠한 법률도 제정할 수 없다"고 규정하고 있다.

　비판하고 감시하는 언론의 본질이 훼손될 때 통치자는 제동장치 없이 독주와 부패로 달려가기 쉽다. 통치자 입장에서는 언론의 쓴소리와 감시가 달갑지 않겠지만 조선 시대에 성군이라 존경받는 지혜로운 임금들은 언로를 열었다. 귀를 열어 여러 의견을 수렴했고 긴장을 유지하면서 나라를 이끌어갔다. 언론의 이상理想은 '책임 있는 권력'을 만드는 것이다. 언로, 즉 언론의 중요성은 예나 지금이나 결코 다르지 않다.

참고서적

조선의 언론 연구 김영재, 민속원, 2010
조선은 어떻게 부정부패를 막았을까 이성무, 청아출판사, 2009
조선왕조의 언론윤리 체계에 관한 시론 이규완, 한국언론학보 제53권 1호

quaestio

04 만 년 후를 기다리는 책

금지된 기록
존재해서는 안 되는 문서
떨어져나온 한 조각

마침내 봉인이 풀렸다!

사관 정태제의 무덤
그 속에 갇혀 있던
한 조각의 기록
실록이 되기를 기다렸던 조각
사초史草

단순한 기록이 아니다
그 속에 등장한 사관의 논평

"사신왈,
임금이 즉위한 이래로 재난이 없는 때가 없었다."

사신왈史臣曰
: 사관은 논하다

"근안,
김자점은 신하가 된 몸으로 적 때문에 임금을 버렸으니…"

근안謹按
: 삼가 살피건대

왕도
세도가도
피해갈 수 없었던 역사의 심판

언제나
사초의 내용이 궁금했던 왕들

사초개입내史草뽑入內

"사초를 모두 대궐로 들여오라."

"임금이 만일 사초를 보면
 후세에 직필이 없게 됩니다."

직필直筆

: 인물과 사건을 그대로 기록하여 후대에 전하다

직필을 위해
왕과 대신들이 함부로 볼 수 없는
금지된 기록

조선시대 국혼의 절차를 담은 책
『가례도감의궤』 중 사관의 모습

물령사관지지 勿令史官知之
"사관이 알게 하지 말라."

사관이 알게 하지 말라는 왕의 명령까지
있는 그대로 전했던 기록

인조 무인사초

실록이 완성되면
사초는 물로 씻어 흔적을 지운다

하지만
어떤 이유에서인지
실록이 되지 못한 채
무덤에서 발견된 사초

떨어져나온 한 조각
떨어져나온 역사의 한 조각

국가멸이사불가멸國家滅而史不可滅
"나라는 망해도 역사는 인멸될 수 없다."

그 정신을 간직한
1893권 888책
조선왕조 25대 472년간의 기록
조선왕조실록

"실록은 만 년 이후를 기다리는 책이다."
– 『국조보감』

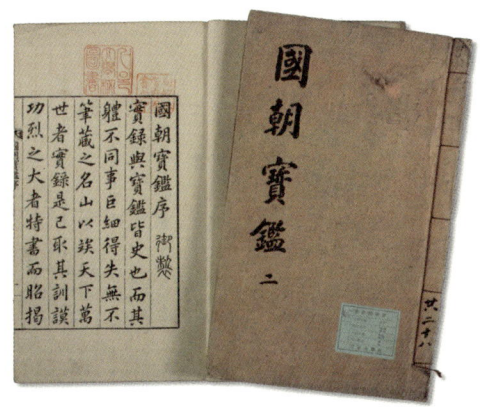

quaestio 04

세계기록유산이 된 『조선왕조실록』

『조선왕조실록』은 조선 태조부터 철종에 이르기까지 25대 임금이 통치한 472년 동안의 일을 연대순으로 적은 기록이다. 조선의 마지막 왕은 순종인데 철종에서 실록이 끝난 것은 『고종실록』, 『순종실록』이 일제에 의해 편찬되면서 사실을 많이 왜곡했기 때문이다.

『조선왕조실록』은 문화적·역사적 가치를 인정받아 1973년에는 국보(제151호)로 지정되었고, 1997년에는 『훈민정음』과 함께 유네스코 세계기록유산에 등재됐다. 실록의 원조인 중국에는 『대청역조실록』, 『황명실록』이 있고, 일본에는 『삼대실록』, 베트남에는 『대남실록』이 있다. 그런데 어째서 『조선왕조실록』만이 세계기록유산으로서 가치를 인정받게 된 걸까?

우선 500년 가까운 시간의 역사를 세세하게 담아낸 기록물은 전 세계 어느 나라에서도 그 예를 찾아볼 수 없다. 『조선왕조실록』은 분량만 해도 총 1,893권 888책이며, 내용 또한 풍부하다. 나라를 다스리던 왕에 관한 내용만 기록된 것이 아니다. 정치, 경제, 법률, 교통 등은 물론 천문, 음악, 과학 등에 걸쳐 당시 사람들이 어떻게 살았는지 시대상을 다양하게 담고 있다. 조선시대의 역사를 한눈에 볼 수 있는 '타임캡슐'이라 할 만하다.

여기에 더해 『조선왕조실록』의 가치는 객관적이고 믿을 만한 기록이라는 점에서 빛난다. 유네스코가 『조선왕조실록』을 세계기록유산에 등재한 가장 큰 이유가 바로 여기에 있다. 실록을 기록하는 전문 관료를 '사관史官'이라 했는데, 사관이 무엇을 적었는지는 절대 권력을 가진 임금도 볼 수 없었다. 사관이 권력에 아부하지 않고 책임 있게 역사를 기록할 수 있는 환경을 만든 것이다. 이 같은 기록 시스템을 처음으로 만들었던 중국이 정작 그 시스템을 제대로 가동시키지 못했던 것에 비하면 놀라운 일이다.

『조선왕조실록』은 조선왕조를 500여 년간 지탱시킨 힘이었다. 자신이 어떤 말을 했고 어떤 행동을 했으며 나라를 어떻게 통치했는지 낱낱이 기록되어 후세에 공개된다는 사실에 국왕은 긴장했다. 실록은 보이지 않는 권력의 견제장치였다.

세상에서 무서운 것은 사관뿐이다

'실록實錄'이란 한자어 뜻을 그대로 풀면 '사실을 있는 그대로 적은 기록'이다. 기록을 담당하는 사관은 매일 국왕과 대신들의 언행을 관찰하고 빠짐없이 적었다. 그 기록을 '사초史草'라고 하는데, 이는 실록을 편찬하기 위한 기초 자료가 되었다.

사초를 적는 사관은 여덟 명이었다. 사관들은 교대로 왕이 가는 곳에 두 명씩 따라다녔다. 한 명은 왕과 신하 간에 오간 대화와 토론 내용을 기록했고, 또 다른 한 명은 왕의 일거수일투족은 물론 표정까지 묘사했다. 오늘날로 치면 한 명은 오디오 녹음을, 한 명은 비디오 촬영을 담당한 것이다. 『태종실록』에 실린 일화는 사관들이 어느 정도로 세밀하게 기록했는지를 여실히 보여준다.

"왕이 활과 화살을 가지고 말을 달려 노루를 쏘다가 말이 거꾸러져 떨어졌으나 상하지는 않았다. 좌우를 둘러보며 말하기를 "사관이 알지 못하도록 하라" 하였다."

— 『태종실록』 태종 4년(1404) 2월 8일

사관은 왕의 행동이나 말, 대신들과 있었던 일이나 대화만을 적지 않았다. 그들의 의견, 즉 '사론史論'을 기록했다. '사신왈史臣曰'이라고 한 다음, 사건이나 인물에 대한 견해를 적은 부분이 바로 이 사론이다. 『조선왕조실록』이 다른 나라의 실록보다 더 가치 있다고 평가받는 부분은 사론 때문이다. 실록의 시스템을 만든 중국에도 사론은 보이지 않는다. 사론은 생동감이나 현장감은 물론, 사론을 남긴 사관들의 당대 사건에 대한 역사 인식을 나타내주는 것이어서 의미가 있고 재미를 더한다. 특이한 점은 실록에 기재된 사론이 개인이 남긴 의견이 아니라 사관이라는 집단의 역사 의식이 담긴 논평이라는 점이다. 내용에 최대한 객관성을 담보하기 위해서였다. 사관들의 평가는 비록 그 대상이 왕이라 해도 신랄했으며 진실이 왜곡되지 않게, 할 말을 똑바로 한다 하여 사관들의 글을 '직필直筆'이라 했다.

"사신은 말한다. 왕(명종)이 어린 나이에 보위에 올라 외척들이 서로 권세를 다투는 형국이다. 예로부터 외척이 나서면 국사를 그르치지 않은 적이 없었다. 비록 대신들에게 충성을 다해 국사를 돌보기를 바라지만 쉽지 않으니 마음 아픈 일이다."

— 『명종실록』 명종 즉위년(1571) 7월 7일

막중한 임무를 맡았던 만큼 사관은 엄격한 심사를 거쳐 선발되었다. 문과 급제자 가운데 가문의 4대조까지 흠이 없고, 인품이 공정하다고 인정받은 사람으로, 반드시 현직 사관의 추천을 받아야만

했다.

 사관은 당시 벼슬에 처음 나선 젊고 패기만만한 신진 엘리트들이었다. 직필이 생명이었던 만큼 타성에 젖은 고참관료보다는 신참관료가 적격이었던 것이다. 당대 사관은 최고의 실력과 가문을 갖춰야 했으며 재상이 되기 위해서는 반드시 거쳐야 하는 중요한 관문이었다. 사관은 그 직급이 춘추관의 9급 말단 벼슬이었지만 국왕도 두려워하는 존재였다. 왕권을 강화하려 했던 태종의 실록에는 사관과의 신경전이 잘 묘사돼 있다.

 태종 1년인 1401년 4월 29일의 기록을 보면 사관 민인생이 편전에 들어서자, 태종은 "이곳 편전은 내가 편안히 쉬는 곳이니, 들어오지 말라"고 명했다. 이에 사관 민인생은 물러나지 않고 꼿꼿한 자세로 "신이 똑바로 쓰지 않는다면 위에 하늘이 있습니다臣如不直, 上有皇天"라고 대답했다. 당시에 하늘은 태종에게도 가장 무서운 존재였다. 하늘이 곧 백성이요, 민심은 천심이기 때문이다.

 아무리 최고 권력자인 왕이라 할지라도 사관이 기록한 사초를 보겠다고 할 수 없는 것, 그것이 조선의 설계자 정도전이 정한 『경국대전』의 법도였다. 하지만 왕들은 어떻게 해서든지 사초나 실록을 보고 싶어했다.

 세종은 즉위 13년, 20년 두 차례에 걸쳐 아버지 태종의 실록을 읽어보고 싶다고 했지만 신하들의 반대에 부딪혀 포기했다. 중종은 실록을 보겠다고 했다가 "참고할 일이 있다고 하여 마음대로 사고史庫(실록을 보관하는 곳)의 문을 열고 닫으면, 앞으로 사고가 가볍게 여겨지고 실록 또한 엄정하게 기록되지 못할 것입니다"라는 쓴소리를 들어야 했다. 세상에 무서울 것 없던 연산군조차 "세상에서 무서운 것은 사관뿐이다"라고 말했다 한다. 이에 대해 훗날 이수광은 『지봉유설』에서 "재상은 사람을 수십 년 정도 올릴 수도 있고 아래로 떨어뜨릴 수도 있지만, 사관은 사람을 천 년 뒤에까지 내세울 수도 있고 침몰시킬 수도 있다"고 풀어썼다.

  왕에게 실록은 금서지만 실록의 내용 가운데 후대 왕이 참고할 만한 부분이 있었을 것이다. 그렇다면 이는 어떻게 했을까? 춘추관은 임금이 나랏일을 하는 데 참고가 될 만한 내용은 따로 간추려두어 왕이 볼 수 있게 했다. 바로 『국조보감』이다.

무덤까지 가져간 비밀 자료, 사초

사초는 크게 궁궐에서 있었던 사건이나 왕의 일정, 대화 등을 있는 그대로 적은 '입시사초入侍史草'와 사관의 견해가 적힌 '가장사초家藏史草'로 나뉘었다. 사초의 핵심은 가장사초에 있었다. 사관은 이를 비밀리에 보관했다가 임금이 죽은 뒤 실록 편찬이 시작되면 제출했다.

  사초에는 원칙적으로 사관의 이름이 적혀 있지 않았다. 익명성을 보장받아야 사관이 소신껏 하고 싶은 이야기를 적을 수 있기 때문이다. 한때 사초에 이름을 달아야 한다는 사초실명제가 주장돼 사관들을 위축시키기도 했다.

  사초의 내용을 보호하기 위한 또다른 방법은 '세초洗草'였다. 말 그대로 사초를 물로 씻는 것이다. 왕이 죽으면 춘추관은 실록 편찬을 위한 임시기구인 실록청을 설치하고 실록 편찬 작업에 들어갔다. 관청의 업무일지인 시정기, 왕의 비서실인 승정원에서 기록한 『승정원일기』와 사초 등 1차 자료를 총정리해 실록을 만들었다. 실록이 완성되고 나면 사초는 없어져야 했다. 사관들이 눈치 보지 않고 권력자에 대해 거침없이 하고 싶은 이야기를 적을 수 있도록 만들어놓은 안전장치였다. 조선시대에 세초하던 장소는 자하문 밖 세검정 일대의 개천이었다. 넓찍한 바위 위에 사초를 올려놓고 흐르는 물에 먹으로 쓴 글씨를 지운 다음 종이는 재활용했다.

탄생할 때부터 흔적 없이 사라져야 할 운명을 타고난 사초. 그런데 이 폐기되었어야 할 사초가 훗날 발견됐다. 1987년 인조 때의 사관이었던 정태제의 후손들이 선조의 묘를 이장하는 과정에서 무덤 안에 시신과 함께 놓여 있는 사초 몇 권을 발견한 것이다. 정태제는 인조 때 붕당 정국의 소용돌이 한가운데에 있던 인물이다. 따라서 그가 사초에 적은 내용에는 『인조실록』이나 『승정원일기』에서는 보이지 않는 내용이 많았다. 무덤 속의 사초가 당시 실록 편찬의 방향을 알 수 있는 흥미로운 자료가 된 셈이다.

사관의 올바른 역사기록은 순조롭지 않았다. 이를 잘 드러내주는 사건이 연산군이 왕좌에 앉아 있을 때에 일어난 무오사화다. 무오사화는 연산군이 즉위한 뒤 『성종실록』을 편찬할 때 일어난 사건인데, 발단은 사초에 있었다. 실록 편찬의 책임자인 이극돈은 사초들을 검토하던 중, 사관 김일손이 그의 스승 김종직의 『조의제문』을 옮겨 적은 것을 보게 된다. 세조에 의해 죽은 단종을 초나라 희왕, 즉 의제에 비유하여 세조의 찬탈을 비난하는 내용이었다. 이극돈은 이전에 김일손이 자신에 대해 부정적인 사실을 사초에 기록한 것을 알고 이를 삭제할 것을 요구했다가 거부당한 경험이 있었기 때문에 김

경기도 여주에 있는 정태제 묘

「승정원일기」

일손에 대해 앙심을 품고 있었다. 이극돈은 복수를 하기 위해 연산군에게 김일손이 사초에 적은 내용을 알렸고, 분노한 연산군은 이미 죽어 장사지낸 김종직의 시신을 무덤에서 꺼내 부관참시하고 김일손을 처형했다. 무오사화는 피바람을 불러온 조선 최대의 필화사건이었다.

이 사건은, 기록을 보는 순간 정국이 파국으로 치달을 수밖에 없다는 교훈을 남겼다. 실록은 단지 역사기록으로서만 의의를 갖는 것은 아니었다. 사관들이 붓을 드는 일은 현실 정치에 참여하는 것과 크게 다르지 않았다.

『조선왕조실록』이 중요하게 여겨지는 또 하나의 이유가 더 있다. 오늘날까지 전해질 수 있게 한 철저한 보존과 관리다. 472년 동안 실록이 보존되어온 경우는 세계적으로 유례를 찾기 어렵다.

중국이나 일본의 실록이 손으로 쓴 필사본인 데에 반해, 조선의 실록은 인쇄본이었다. 만일의 사태에 대비해 모두 네 부를 인쇄했고 궁궐의 춘추관뿐 아니라 충주, 전주, 성주 네 곳에 실록을 안전하게 보관할 사고를 만들어 관리했다. 그러나 전주 사고 외에 세 곳에 보관됐던 실록은 전쟁과 화재로 사라져버렸다. 이후 사람들이 접근하기 어려운 산속에 사고를 만든 뒤 사찰에 관리를 맡겨 보존하고 관리하도록 했지만, 그마저도 일제강점기와 한국전쟁을 거치며 일본과 북한으로 각각 1종씩 유출되고 말았다. 일본으로 유출된 실록은 오대산에 있던 사고본 일부였는데, 일본이 강탈한 지 95년만인 2006년 돌려받을 수 있었다.

종종 역사는 승자의 기록이라고 말한다. 역사의 기록은 시대상황에 따라 다분히 주관적일 수 있다는 의미다.『조선왕조실록』은 사관의 기록이다. 그러므로 완벽하게 객관적일 수 없다. 하지만 숱한 견제와 위협 속에서도 진실을 쓰겠다는 소신을 꺾지 않았던 사관, 사관이 정확한 역사를 기록할 수 있도록 만들었던 시스템, 철저한 보존과 관리 등이 어우러져『조선왕조실록』이 탄생할 수 있었다.

『조선왕조실록』은 조선시대를 살았던 사람들의 기록이다. 그러나 결코 당대만을 바라보고 있지 않았다. 정조는『국조보감』서문에 이런 말을 적었다. "실록은 만 년 이후를 기다리는 책이다."

'신新조선왕조실록'

현재 유네스코에 등재된 세계기록유산 238건 가운데 9건이 우리의 것이다. 아시아에서 단연 1위로 꼽힌다.『훈민정음해례본』『직지심체요절』『조선왕조실록』『승정원일기』『일성록』『조선왕조의궤』『팔만대장경판』『동의보감』을 비롯해 5·18 관련자료들도 최근에 새롭게 등재됐다.

이 같은 기록문화의 전통을 가지고 있지만, 대한민국 정부 수립 이후 공공기록물의 보관과 전수는 보잘것없는 수준이었다. 특히 대통령에 관한 기록물은 노무현 정부 시절인 2007년 '대통령 기록물 관리에 관한 법률'이 만들어진 이후에 겨우 체계가 잡혔을 정도다. 법이 만들어진 뒤 노무현 정부는 역대 최고인 연평균 165만 건의 통치기록을 남겨 기록문화에 새로운 계기를 만들 수 있을 것이란 기대를 낳았다.

　현재 경기도 성남에 있는 대통령기록관에는 870만여 건의 기록물이 보존되고 있다. 이 가운데 대부분이 노무현 전 대통령의 기록물이다. 825만여 건이니 90퍼센트를 넘는 수준이다. 이명박 정부의 각종 기록물도 퇴임 전 대통령기록관으로 이관돼 보관됐나. 대통령자문기관, 대통령실, 경호처 등에서 나온 각종 기록물은 연평균 20만 건으로, 이전 정부의 8분의 1로 줄었다.

　전주대 언어문화학부 오항녕 교수에 따르면, 역사에는 기록과 보존, 재현이라는 세 가지 행위가 담겨 있다. 지금 일어나고 있는 일을 기록하고 관련 자료를 모으는 일, 기록된 인간의 경험을 잘 관리해 후세에 넘겨주는 일, 그리고 보존된 기록을 통해 그 경험인 역사적 사실을 재현하는 일이 그것이다.

　이런 점에서 최근 박원순 서울시장이 도입한 '사관제도'가 주목받고 있다. 시장 집무실에서 처리되는 업무를 비롯해 공식적·비공식적 면담 내용들, 정책에 대한 지시사항 등이 모조리 기록된다. 시정의 투명성을 제고하고, 책임행정을 펼치겠다면서 도입한 제도다.

　행적이 고스란히 남겨진다는 것을 인식하고 있다면 통치자의 정책 결정이나 행보는 더 신중하고 공정해질 수밖에 없다. 기록 자체가 권력의 견제자요 감시자가 되는 것이다. 공공의 기록은 그 자체가 한 국가의 역사다. 한 나라가 남긴 기록의 양과 질은 곧 그 나라가 갖추었던 문명의 수준을 의미한다. 우리가 살아가고 있는 이 시간들이 후대에 어떻게 기억될지는 지금 우리가 남기고 있는 기록에 달려 있다.

참고서적

조선왕조실록 어떤 책인가 이성무, 동방미디어, 1999

quaestio

05 영웅과 역적 사이

양국에 남겨진 임진왜란의 역사!
너무나도 닮아 있던 두 사람의 기록!

1592년 4월 14일
아비규환이 된 조선땅
임진왜란의 시작!

왜군 조총부대를 이끄는
공포의 인물 사야가 沙也可

부산진 함락
얼마 후
전세 역전

왜군에게 공포의 존재가 된
조선군 장수 김충선

〈부산진순절도〉 일부

"이미 조선군의 사기는 땅에 떨어져 있었고
그나마 들고 있는 창과 검의 훈련법마저
미숙한 상태였다."
－『모하당술회록』

조선군에게 김충선이 건넨 것은
왜군들에게서 노획한 조총!

마침내 탄생한 조선군 조총부대
울산성 전투 대승

〈울산성전투도〉 일부

일본 전국시대
유명한 가문의 후계자였던 사야가
그의 아내와 딸을 볼모로 협박한
도요토미 히데요시

"조선에 출병하지 않으면
아내와 딸이 무사하지 못할 것이다."

어쩔 수 없이 조선을 침략한 사야가
무참히 살해되는 조선인 모녀의 모습과
겹쳐지는 자신의 아내와 딸

"명분 없는 전쟁을 일으킨 왜군에
환멸을 느낀다."

부산진 함락 다음 날
사야가가 조선군에 보낸 한 통의 편지

"조선으로 귀화하고 싶다."

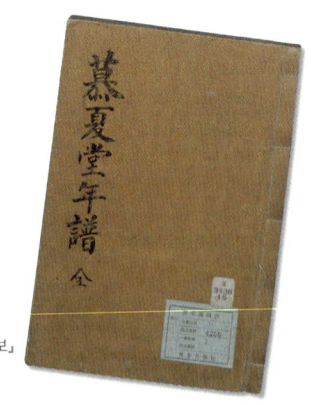

김충선의 「모하당문집」 중 「모하당연보」

하사 받은 새 이름

성은 김해 김$_{金}$

이름은 '충성스럽고 어진 마음' 충선$_{忠善}$

그 후

왜군에 함락된 18개의 성 복원

1624년 이괄의 난 때 승리

1636년 병자호란 때 승리

화약제조법 전수

조총기술 전수

조선의 명장으로 활약했던 영웅

사야가 김충선

1915년

사야가는 조선이 꾸며낸 조작극!

1970년

작가 시바 료타로의 연구로 진실 규명!

일본에서 사라져버린 사야가 가문

그리고

한국에서 부활한 김충선과 그의 후손들

현재 김충선의 후손들은 두 나라의 평화를 위해 역사와 문화 교류에 힘쓰고 있다

quaestio 05

홀연히 사라진 사무라이 사야가

1590년, 일본에서 건너온 한 사신이 선조에게 기다란 막대기 하나를 진상했다. 일본이 포르투갈인으로부터 전수받은 신무기, '뎃포鐵砲'(철포)였다. 조정에서는 이에 별다른 관심을 갖지 않았다. 2년 뒤 조선은 그 뎃포를 쏘아대는 왜군에 호되게 당했고, 선조는 빗속에 파주로 야반도주하는 모욕을 겪었다. 우리 역사상 가장 참혹한 전쟁으로 기억되는 임진왜란이다.

1592년 4월 14일, 부산 앞바다에 수많은 배들이 정박했다. 왜군들은 명나라로 가는 길이니 길을 내달라 했고 조선은 이를 거부했다. 중화의 본가를 치겠다는데 조선이 일본의 요구에 응할 리 없었다. 당시 일본 전국시대를 통일한 도요토미 히데요시는 야심차게 준비해왔던 대륙 침략전쟁을 명했다. 동아시아 전체의 맹주가 되겠다는 것이었다. 그날부터 봄꽃의 향기로 그득해야 할 부산 앞바다는 피 냄새로 진동했다.

뎃포, 중국에서는 조총이라고 부르는 신무기를 앞세운 3천여 명의 왜군은 거침없이 몰려들었다. 칼과 창을 내세운 조선군은 신무기를 당해낼 수 없었다. 그렇게 '뎃포'와 '무뎃포無鐵砲'의 싸움은 금세 끝이 났고 부산진은 함락되고 말았다. 침략자들의 선봉에는 조총부대의 대장, 사야가沙也可가 있었다. 그런데 부산진 함락 후 그 공포의 인물은 몇백 명의 부하들과 함께 홀연히 사라져버렸다.

얼마 후, 한 과묵한 장수의 명령 아래 이번에는 조선군이 조총을 들고 나타났다. 예상치 못한 공세에 왜군은 당황했다. 날씨가 더워질수록 조선군의 사기는 올라갔다. 조선군은 파죽지세로 몰고나가 왜적이 점령한 18개 지역의 성을 탈환했다. 훗날 사람들은 말없이 조선군을 이끌던 장수, 베일에 싸였던 그 인물이 바로 홀연히 사라졌던 스물두 살, 패기만만한 일본의 사무라이 사야가라는 것을 알게 되었다. 그리고 그의 새로운 이름이 김충선이라는 것 역시 밝혀졌다.

당시 사야가의 일본에서의 행적은 안타깝게도 남아 있지 않다. 사야가 가문도 일본에서 사라졌다. 조국을 배신한 장수에 대한 기록이든 핏줄이든 그대로 놔둘 리 없었다. 그의 글이 실린 『모하당문집』에도 사야가가 일본에서 어떻게 살았는지에 대해 나와 있지 않다. 오랜 세월이 흘러서야 일본의 역사학자들은 사야가의 과거를 복원하려 나섰다. 그 결과 두 인물로 좁혀졌다. 스즈키 마고이치 또는 하라다 노부타네. 이들은 임진왜란 출전 이후 행적이 묘연해진 인물들이다.

스즈키 마고이치라는 주장은 사야가가 조총 전문가였다는 단서에서 시작됐다. 당시 일본에는 조총을 직접 제조하고 쏘는 철포부대가 여럿 있었다. 그중에서 와카야마 현의 '사이카'라 불리는 부대가 전국적으로 위력을 떨쳤는데 이 조직은 임진왜란이 일어나기 7년 전 도요토미 히데요시에 의해 초토화되어 뿔뿔이 흩어지고 말았다. 히데요시의 지배에 반발하는 영주와 친하다는 이유에서였다. 이 사이카 부대의 대장이 스즈키 마고이치, 바로 사야가라는 것이다. 실제로 스즈키 마고이치는 출정 이후 행방불명됐다.

하라다 노부타네라는 주장에도 도요토미 히데요시와의 인연이 드러난다. 일본의 전통가문인 하라다 노부타네는 도요토미 히데요시에게 영토를 빼앗기고 강압적으로 히데요시의 측근인 가토 기요마사의 휘하에 예속되어버리고 말았다. 이로 인해 하라다 노부타네는 도요토미 히데요시와 가토 기요마사를 철천지원수로 여겼을 것이고, 이들에게 복수를 하기 위해 절치부심했을 것이라고 역사학자들은 추측하고 있다.

두 인물 중 누가 진짜인지는 알 수 없다. 그러나 한 가지 분명한 것은 사야가라는 인물이 도요토미 히데요시가 일으킨 전쟁 자체를 반대하고 있었다는 사실이다. 사야가가 귀화하겠다면서 경상도 병마절도사(지방의 군대를 통솔하던 지휘자) 박진에게 보낸 편지에서 그의 생각을 엿볼 수 있다.

"사람이 사나이로서 태어난 것은 다행한 일이나 불행하게도 문화의 땅에 태어나지 못하고 오랑캐 나라에 나서 끝내 오랑캐로 죽게 된다면 어찌 영웅의 한 되는 일이 아니라 하겠습니까 (…) 저의 소원인 조선에 한 번 나가보고 싶은 생각으로 본의 아닌 선봉이 되어서 군사를 이끌고 본국 조선에 이른 것입니다(…)"

― 『모하당문집』

또한 그의 글 곳곳에는 조선의 문화에 대한 감화가 드러나 있다.

"난 비겁하지도 않고 못나지도 않았다. 그리고 나의 부대는 절대 약하지도 않다. 허나 조선의 문화가 일본보다 발달했고, 학문과 도덕을 숭상하는 군자의 나라를 짓밟을 수는 없다."

― 『모하당문집』

"내가 이 나라에 귀화한 것은 영달을 구한 것도 아니요 명예를 취함도 아니다. 처음부터 두 가지 계획이 있으니 하나는 요순 삼대의 유풍을 사모하여 동방 성인의 백성이 되고자 함이며 또 하나는 자손을 예의의 나라의 사람으로 계승하기 위해서이다."

―『녹촌지』

명분 없는 전쟁에 반대한다

사야가는 처음부터 임진왜란을 명분이 없는 전쟁으로 보았다. 그리고 왜군들이 무고한 어린아이와 부녀자를 무자비하게 학살하는 것을 보고 큰 회의를 느꼈다.『조선왕조실록』에 의하면 "사야가는 전쟁 중에 본인의 목숨보다 부모의 목숨을 소중히 여기고 늙은 부모를 등에 업고 도망치는 조선인의 모습에서 큰 감명을 받았다"고 한다. 그는 5백여 명의 부하들과 함께 조선인 편에 선다.

조선에 귀화해서 싸우겠다는 적장의 편지를 받은 병마절도사 박진은 고심 끝에 이를 받아들였다. 사야가는 왜군들에게서 가져온 조총으로 조선군을 훈련시켜 조총부대를 만들었다. 그는 사기가 떨어진 관군을 격려하면서 한편으로 자발적으로 참여한 의병들을 끌어들여 부대를 새롭게 훈련시켰다. 조총의 사용법뿐 아니라 조총과 화약의 제조기술을 전수했다.

"물어보신 조총과 화포, 화약 만드는 법은 지난 번 조정에서 내린 공문에 따라 벌써 각 진에서 가르치는 중입니다. 바라건대 총과 화약을 대량으로 만들어 적병을 전멸시켜버리기를 밤낮으로 축원하고 있습니다."

―『모하당문집』

이순신의『난중일기』에는 임진왜란이 시작된 이듬해 조선군이 왜군의 조총을 모방해 제조하는 데 성공했다는 기록이 나온다. 이후 일본의 신식무기 조총으로 무장한 조선의 군사들은 불과 1년도 지나지 않아 일본군과 대등한 전투가 가능해졌다. 거기에는 조선에 투항한 일본군, 항왜(항복한 왜인)의 역할이 컸다.

김충선 외에도 『조선왕조실록』에는 40명이 넘는 항왜의 활약이 기록되어 있다. 도요토미 히데요시의 조선 침략은 조선에게도 일본에게도 괴로운 일이었다. 전쟁이 길어지면서 왜군들은 전쟁에 회의를 가졌고, 그런 이들 가운데 상당수가 군자의 나라 사람이 되겠다고 했다. 그들은 조총과 화약제조 등 신무기를 개발하고 일본의 검술과 포술을 가르치는 특수부대로 조직돼 활약했다.

"일본이 두려워하는 점은 항복한 왜인들이다. 그 숫자가 이미 천, 만 명에 이르는데 왜인들은 반드시 용병술을 털어놓을 것이다."

— 『선조실록』

바다를 건너온 모래를 걸러 금을 얻었다

사야가는 적진의 선봉장으로 활약했던 만큼 적의 동향을 누구보다 잘 알고 있었다. 그는 곳곳에서 다양한 전략과 전술로 일본군을 놀라게 했다. 경상도의 의병들과 힘을 합쳐 경주의 이견대 전투를 승리로 이끌었고, 울산성 전투에서는 과거 자신을 지휘했던 왜장, 가토 기요마사가 이끄는 군대를 섬멸하였다.

1597년 정유재란이 일어났을 때에는 의령 전투에 참가하여 많은 공을 세웠다. 바다에 이순신이 있었다면 육지에는 사야가가 있었다. 사야가가 이끄는 군사들과 이순신이 지휘하는 군사들이 연달아 승전보를 전해오자 조선군의 사기는 더욱 높아갔다.

1598년 전쟁이 끝난 후, 선조는 사야가의 공로를 인정해 벼슬을 내렸고 새로운 이름을 지어주었다. 새로운 이름은 '김충선'. "바다를 건너온 모래를 걸러 금을 얻었다"는 의미를 담아 김씨 성을 주었고, 바다를 건너왔다 하여 본관을 김해金海로 하였다. 이름은 충성스럽고 착하다 하여 충선忠善이라 하였다. 『승정원일기』는 젊은 장수의 모습을 이렇게 적고 있다. "담력이 뛰어나고 성품 또한 공손하고 삼간다."

 7년간의 전쟁이 끝난 후 서른 살의 김충선은 진주 목사 장춘점의 딸과 결혼하여 녹촌(오늘날의 대구 달성군 가창면 우록리)에 정착했다. 임진왜란 후 북방 여진족의 침입이 잦아지자 김충선은 1603년부터 10년 동안 자원하여 북방의 국경을 지켰다. 1624년 이괄의 난에 이어 1627년 정묘호란이 일어났을 때에는 임진왜란 당시 조선에 투항했던 항왜의 자손들을 이끌고 전장으로 나섰다. 병자호란이 일어났을 때에는 왕의 명령을 받지도 않고 군사를 모아 후금의 군대에 맞서 적군 500여 명을 사살하는 성과를 올렸다. 삼전도에서 인조가 후금에 굴욕스러운 항복을 했다는 소식을 들은 뒤에는 "예의의 나라 군신으로서 어찌 오랑캐 앞에 무릎을 꿇을 수 있겠는가, 춘우의 대의도 끝났구나" 하면서 대성통곡하며 다시 녹촌으로 돌아갔다.

 인조는 그에게 오늘날의 장관급에 해당하는 자헌대부를 하사했다. 평안히 살라며 논밭도 내려주었지만 그는 백성 된 도리를 했을 뿐이라며 사양하고, 평생 학문을 닦고 후학을 양성하다가 제2의 고향인 조선땅에 묻혔다. 그의 나이 72세, 조선에 온 지 50년 세월이 흐른 뒤였다.

새롭게 조명되고 있는 김충선의 존재

조선인 김충선, 일본인 사야가. 두 이름은 모두 일본 역사에서 지워졌다. 일본의 입장에서 사야가는 조국을 버린 배신자이자 반역자요,

천하의 매국노였다. 일제 사학자들은 김충선이 조선이 만든 허구 인물이라고 했다. 지워진 이름이 복원된 것은 1970년대 들어서였다. 일본의 역사소설가 시바 료타로가 김충선의 위패가 모셔져 있는 녹동서원을 방문해 책을 쓰면서 분위기가 반전된 것이다. 김충선 귀화 400주년이 되던 1992년에는 일본 NHK방송이 그에 대한 다큐멘터리를 제작해 방영했다.

이후 일본에는 사야가 연구단체들이 설립되었고 1998년에는 동시에 한국과 일본이 교과서에 사야가, 김충선의 이야기를 실었다. 2012년에는 그의 위패를 모신 녹동서원 옆에 상징적인 건물이 하나 들어섰다. '한·일 우호관'이다. 이제 이곳은 일본 관광객이 대구에 오면 꼭 들르는 명소가 되었다.

김충선의 12세손으로, 한·일 우호관 건립을 추진해온 김상보 씨는 "한일 양국이 이제 갈등과 증오의 역사를 씻고 새로운 우호 관계로 나아가야 한다"며 선조 김충선과 한·일 우호관이라는 건물이 양국에 어떤 의미를 지니고 있는지를 강조했다.

김충선이 싸운 것은 조선도 왜도 아니었다. 문명의 가치를 파괴하는 침략자들이었다. 그는 시공을 초월해 한국과 일본이 어떻게 지내야 할지를 보여주는 하나의 상징이 되었다.

이웃으로서 한국과 일본이 좋은 관계를 만들어갈 수 있을까? 한일관계에 대한 전망은 그리 밝지 않다. 2013년을 맞이하면서 아베 신조 일본 총리가 박근혜 대통령 당선인에게 특사를 파견해 "한국은 중요한 이웃 국가이므로 관계가 개선돼야 한다"는 내용의 메시지를 보냈지만, 관계 개선의 여지는 좀처럼 보이지 않는다. 일본에는 극우 정권인 아베 신조 내각이 출범했고 하시모토 도루 오사카 시장을 앞세운 일부 극우 세력은 '일본 유신회'라는 전국 정당 결성을 선언했다. 이들이 강조한 건 '일본의 재생'과 '미래에의 책임'이다. 그들의 당 로고에는 독도와 센카쿠가 일본 영토로 표시되어 있었다. 그리고 이어 아베 신조 내각은 독도 문제 전담 부서 신설을 발표했다. "강력한 일본의 재건"이란 구호 아래 일본은 다시 조금씩 영토와 군사 재무장을 향한 야욕을 드러내고 있다. 이밖에도 역사 교과서 왜곡 문제나 정치인들의 야스쿠니 신사 참배 등 일본 내 우경화 움직임은 거세지고 있다.

무엇보다 일본의 '우향우' 현상을 확실하게 드러내는 것은 '헌법개정'에 대한 여론이다. 일본의 '평화헌법'(헌법 제9조)는 제2차 세계대전을 일으킨 전범국 일본이 다시는 전쟁을 일으키지 못하도록 규정한 법조항으로 자국 방위 이외의 목적으로는 군사력을 행사하지 못하도록 제한하는 법조항이다. 최근 평화헌법 개정 문제가 일본 의회 등에서 활발히 논의되고 있다. 이 같은 일본의 모습을 지켜보면서 일본 제국주의를 경험했던 아시아의 여러 국가들은 일본이 군국주의로 회귀할지 모른다고 우려하고 있다. 일본의 우경화 바람이 아시아의 평화를 흔드는 불안 요인이 되고 있는 것이다.

김충선 장군은 바람 부는 날이면 고향 쪽을 바라보며 눈물을 흘렸다고 한다. 만일 군국주의의 유령들을 불러오고 있는 오늘날의 일본을 보고 있다면 그가 어떤 표정을 지을지 궁금해진다.

참고서적

우리 역사, 세계와 통하다 KBS역사스페셜 제작팀, 가디언, 2011
역사스페셜 6 KBS역사스페셜, 효형출판, 2003
사야가 김충선 1, 2, 3 : 조선을 사랑한 사무라이 유광남, 스타북스, 2012

quaestio

06 최고의 교육

"응당 상세하고
천천히 타일러줘야 할 것이니
조급하게 윽박지른다고
무슨 이득이 있으랴."

아이에 대한 기대가 클수록
조급하기 쉬운 부모의 속성
그래서 조선 선비들이 찾아낸
최고의 선생님

여러 명의 아이들을 키운 풍부한 경험!
지혜와 연륜까지 겸비!

〈송하수업도〉 일부

대여섯 살이 되면 사내아이는 사랑채로 보내졌다

이부자리 개기
아침인사
요강 비우기
집 안 청소
…
할아버지의 시중을 들며 익히는
바른 습관

단정한 옷차림
바른 몸가짐
남을 대할 때의 예의범절
…
할아버지를 보며 깨치는
'선비'의 덕목

늦은 밤 할아버지가 들려주는 옛이야기
'집안의 전통'을 알아가는 시간

봇짐장수
일가친척
방랑객
…
사랑채에 드나드는 사람들
사랑채에 앉아 듣는
'세상 공부'

회초리를 들 때조차
자신이 맞을 매를 직접 구해오게 하는
자신의 잘못을 '스스로 생각하게' 하는
사려 깊은 교육

할아버지가
손자를 직접 가르치는
최고의 교육법
'격대隔代교육'

"열 대를 때리고 차마 더는 못 때렸다.
손자가 한참을 엎드려 우는데
늙은이 마음 또한 울고 싶을 뿐이다."
- 『양아록』

격대교육의 가장 큰 힘은
손자를 위하는 할아버지의 애틋한 마음

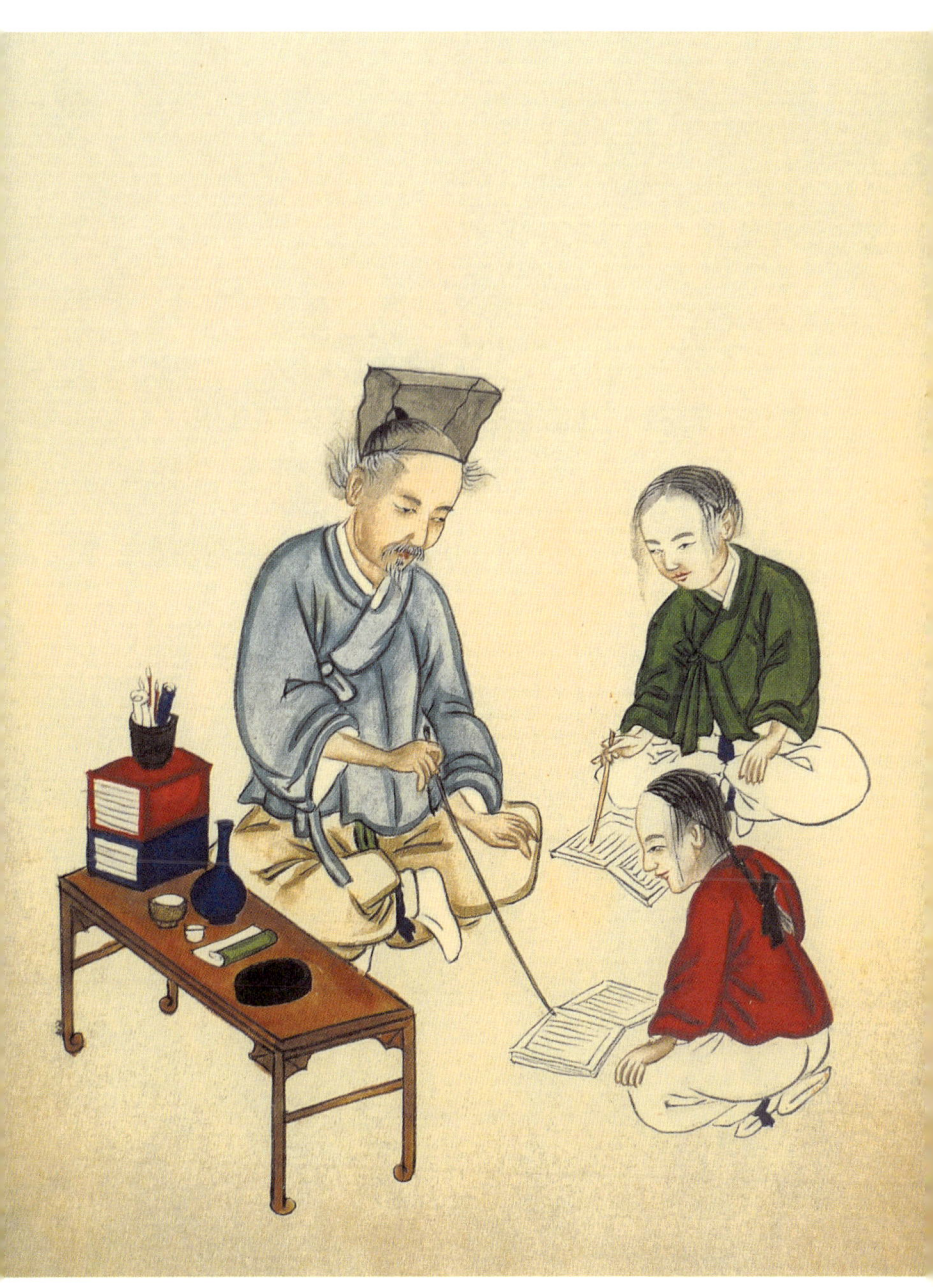

할아버지가 손자에게 공부를 가르치는 모습을 그린 조선 말 풍속화가 김준근의 〈글갈으치고〉

quaestio 06

조선시대 사대부가 남긴 『양아록』

남녀가 해야 할 일이 엄격히 구분되어 있던 조선시대, 육아를 담당했던 한 남자가 있었다. 그는 손자가 태어나 장성할 때까지 16년간 아이를 양육하며 일기를 썼다. 16세기에 살았던 명문가의 사대부 이문건(1494~1567)의 이야기다. 그가 남긴 『양아록養兒錄』은 지금까지 전해오는 육아일기 중 가장 오래된 것이며, 조선시대 사대부가 쓴 유일무이한 육아일기다. 그는 왜 손자 양육에 그토록 열심이었을까?

"아이를 기르는 일을 꼭 기록할 것은 없지만 기록하는 것은 할 일이 없어서이다. 노년에 귀양살이를 하니 벗할 동료가 적고 생계를 꾀하려고 해도 졸렬해서 생업을 경영할 수 없으며 아내는 다시 고향으

『양아록』

로 돌아갔다. 그래서 고독하게 거처하는데 오직 손자 아이 노는 것을 보는 것으로 시간을 보냈다. (…) 아이가 장성하여 이것을 보게 되면 아마 글로나마 할아버지의 마음을 알게 될 것이다."

당시 이문건은 귀양살이를 하고 있었다. 조광조의 문하생으로 관료의 꿈을 키워나가던 그는 중종 때 기묘사화의 후폭풍으로 20대 나이에 과거 응시 자격이 정지되었고 그 후 벼슬길에 다시 나섰으나 명종 때 다시 을사사화의 소용돌이에 휘말려 50대에 귀양을 갔다. 유배지에서 5년 넘게 생활하던 그에게 단 하나의 희망은 어렵게 얻은 손자 '숙길'이었다.

한 인간으로서 그의 삶은 불행했다. 여덟 살 때 아버지를 여의었고 두 형도 한꺼번에 죽었다. 아내마저 먼저 저승길로 앞세웠고 자식 오남매를 낳았으나 장성해서 살아남은 것은 아들 '온' 하나뿐이었다. 그러나 그마저도 몸과 정신이 성치 않았다. 그런 아들이 장가들어 2대 독자를 낳았으니 얼마나 기뻤을까. 그의 나이 58세 때 일이다.

"어리석은 자식이 아들을 얻어 가풍을 잇게 했네
지하에 계신 선조의 영령들께서 많이 도와주시리니…"

숙길이라 이름 붙인 손자는 이문건에게 한 줄기 희망이자 낙이었다. 게다가 하나밖에 없던 아들마저 병으로 먼저 세상을 떠나자 손자는 가문을 이어나갈 유일한 핏줄이 되었다. 손자를 당당한 사대부가 되도록 가르쳐 가문의 맥을 잇도록 하는 게 그의 유일한 소망이었다.

유배지 성주에서 탯줄을 끊으면서 시작된 양육기는 이문건이 숨을 거두기 직전까지 쓰였다. 육아일기는 곧 그의 유배일기이기도 하다. 이문건은 23년간의 유배생활에서 풀려나지 못하고 생을 마감했다.

할아버지가 눈물로 쓴 육아일기

"아이 이름을 숙길이라 짓는다. 여섯 달 무렵 아이는 혼자 앉을 수 있게 되었고, 일곱 달이 되자 아래에 이가 생겨 젖꼭지를 물게 되었다. 9개월이 지나자 윗니가 생겼고, 11개월 때 처음 일어서게 되었는데 누 손으로 다른 물건을 잡고 양발로 쪼그리고 앉았다."

이문건은 "손자아이가 커가는 것을 보니 내가 늙어가는 것을 잊어버린다"고 하면서 손자 키우는 재미에 흠뻑 빠져들었다. 돌잔치에서는 "첫번째로 붓과 먹을 집었으니 훗날 진실로 문장을 업으로 삼을 듯하다"며 흐뭇해 했다. "젖을 떼게 하고 내 잠자리로 불렀더니 품에 안겨 가슴을 만지고 달라붙는다"는 대목에서는 인자한 할아버지의 모습이 감동으로 다가온다. 그는 손자에게 아름다운 품성을 온전히 지켜서 어른이 되어서도 이를 저버리지 말 것을 당부한다.

아이는 하루가 다르게 자라났다. 할아버지가 글을 읽는 모습을 보고 흉내내기도 했다. 손자는 눈에 넣어도 아플 것 같지 않았을 것이다. 그러나 병약한 제 아비를 닮아서인지 하루가 멀다 하고 병치레를 했다. 육아일기는 병치레 일기에 가까웠다. 『양아록』에 실린 39편의 서사시 중 손자의 질병에 관한 기록이 절반을 차지할 정도다. 가장 큰 위기는 숙길이 여섯 살 되던 해 천연두에 걸렸을 때다. 당시 천연두는 열 명 중 네다섯 밖에 살지 못할 정도로 사망률이 높은 병이었다. 아들과 딸을 천연두로 잃었던 이문건에게는 청천벽력과 같은 소식이었을 것이다.

"열이 불덩이 같고 종기는 잔뜩 곪았는데, 몸 전체가 모두 그러하였다. 눕혀놓아도 고통스러워하고 안아도 역시 아파했다. 아프다고 호소를 해도 구할 방법이 없다. (…) 이틀 밤낮을 틈틈이 미음을 먹이고 어루만져주며 답답함을 위로해주었다."

숙길은 병치레만으로 할아버지의 애를 태운 것이 아니다. 공부에는 뜻이 없었고 일곱 살에 아버지를 잃은 뒤에는 성격이 비뚤어졌다. 책읽기보다 그네타기를 좋아하는 손자에게 할아버지는 그네를 끊어버리겠다고 협박한다. 금이야 옥이야 기르는 손자이지만 할아버지는 잘못을 저지를 때는 따끔하게 혼내는 것을 잊지 않았다. 이문건은 "아이를 오냐오냐 키워서는 안 된다. 고집부리는 것을 내버려두면 오래도록 고치기 힘들 것"이라며 엄격한 교육을 강조하였다. 아이가 열 살 되던 해에 이문건은 처음으로 손자에게 회초리를 든다. 체벌이 아이를 잘 양육하기 위한 교육방법 중 하나라는 당대 사람들의 인식을 엿볼 수 있다. 『양아록』에는 매를 들었던 당시의 심정이 이렇게 적혀 있다.

아이의 잘못된 버릇을 그대로 방치한다면 惡習如不禁
점점 굳어져서 마침내는 고치기 어려우리 癖痼終難禁
그러니 나쁜 버릇이 막 생겨나려 할 즈음이 習氣初起時
바로 야단쳐서 바로잡아야 할 때가 아닐까 正是訶禁時
오늘 내가 화를 내며 회초리를 든 것은 所以起吾怒
아이를 꾸짖어 절제시키려는 뜻에서라네 楚懲制兒怒
만약 아이가 가엽다고 오냐오냐 한다면 姑息怜兒心

일마다 비위를 맞춰줄 수밖에 없으리 事事循厥心

하지만 회초리를 든 뒤 스스로에 대한 반성도 덧붙인다. "할아비의 난폭함을 진심으로 경계한다"면서 훌륭한 문장가가 되어주길 원한 자신의 욕심을 접고 손자의 건강과 품성에만 신경을 쏟는다.

그러나 아이는 기대와 달리 엇나가기만 했다. 낚시질과 술에 빠져 살았기 때문이다. 『양아록』에는 열한 살 이후 과음이 잦아지는 숙길에 대한 글이 실려 있다. 손자가 열네 살 되던 새해 첫날 이문건은 손자의 음주벽에 대해 마음 아파했다.

"자주 심하게 취하고 토하면서도 뉘우칠 줄 모르니 사납고 복 없는 운명이 얼마나 한스러운가. 갑자년 정월 초하룻날 밤에 손자 옆을 지키고 앉아 술을 마시고 탄식하며 쓰다."

마음대로 할 수 없는 것이 자식 농사라고 했다. 똑똑하고 건강하게 자라기를 바랐지만 손자는 그 길과는 반대로 간다. 이문건은 손자의 태도에 몹시 실망한다. 『양아록』의 마지막 부분에 그는 〈노옹조노탄老翁躁怒嘆〉이라는 제목의 시에서 "할아버지와 손자 모두 실망하여 남은 것이 없으니 이 늙은이가 죽은 후에나 그칠 것이다. 아, 눈물이 흐른다"라며 손자에 대한 야속함과 슬픔을 표현했다. 이 일기를 끝으로 이문건은 더이상 『양아록』을 쓰지 않았다.

1567년, 이문건은 일흔넷의 나이로 세상을 떠났다. 이때 손자의 나이는 스물여섯이었다. 할아버지가 떠난 뒤 숙길은 외가가 있는 괴산으로 옮겨와 살면서 할아버지의 가르침을 실천하였다. 비록 과거급제는 못했지만 임진왜란 때에 의병을 일으켜 의병장으로 활약했다고 한다. 조정에서 상을 주려고 했지만 당연히 할 일이라며 사양했다는 얘기까지 전해온다.

조선시대의 격대교육

조선시대의 풍속화들은 집안에서 아이들을 어떻게 교육했는지를 보여준다. 18세기 김홍도가 그린 《평양감사향연도》 중 〈월야선유도〉를 보면 평양감사로 부임한 것을 축하하는 행사를 보기 위해 대동강변에 나와 구경하는 수많은 사람들을 볼 수 있다. 그려놓은 사람만 224명인데 이 가운데에는 유난히 남자아이들이 눈에 띈다. 소년들은 대체로 아버지나 할아버지의 손을 잡고 있거나 등에 업혀 있다. 친근한 분위기가 그림에서도 느껴진다. 조선시대에 자녀 양육이 아버지와 할아버지에 의해 이뤄졌음을 유추할 수 있는 풍경이다. 이외에도 아이에게 밥을 먹여주는 남자의 모습 등 조선시대 풍속화에서는 남자가 아이를 돌보고 있는 모습들이 확인된다.

〈월야선유도〉 일부

전통적으로 우리나라에서는 어린아이들의 교육을 조부모가 맡았다. 이를 세대를 걸러 이뤄지는 교육이라 해서 '격대교육隔代敎育'이라 불렀다. 아버지 어머니가 아닌 할아버지 할머니에게 육아를 맡긴 이유는 무엇이었을까? 자녀가 많았던 옛날에는 일이 년 터울로 아이를 출산하는 경우가 많았다. 어머니가 아이를 낳고 갓난아기를 돌보는 사이 젖을 뗀 아이들은 엄마 품을 떠나 따로 보살핌을 받아야 했다. 이때 아이들은 안채에서 할머니와 함께 생활했다. 할머니는 손주들을 보살피면서 일상의 기본 습관 등을 가르쳤다. 배변훈련부터 옷 입기, 밥 먹기, 말버릇을 비롯해 각종 놀이와 노래를 가르쳤다. 오늘날로 치면 안채는 일종의 어린이집이나 유치원이었다. 이 시기에 모든 교육이 할머니의 무릎 위에서 이뤄진다고 해서 이를 오늘날 '무릎학교'라고 부르기도 한다.

예닐곱 살 즈음 철이 들기 시작하면 성별에 따라 머무는 공간이 달라졌다. 조선시대 전통가옥은 남녀의 생활공간이 구분되어 있었기 때문이다. 여자아이는 안채에 그대로 남아 있는 반면, 남자아이는 남자들의 생활공간인 사랑채로 건너가 할아버지와 함께 생활했다. 아이들은 사랑채에서 글을 배우는 것뿐 아니라, 이불을 개고, 요강을 비우고, 아침저녁 문안인사 올리는 법 등 생활에 필요한 예의범절을 익혀나갔다. 아이들은 할아버지를 대하는 아버지의 말씨와 행동을 지켜보면서 윗사람에 대한 도리를 자연스럽게 배웠고, 할아버지가 손님을 맞이하는 자세를 곁에서 지켜보면서 손님을 맞이하고 대접하는 법을 터득할 수 있었다.

격대교육은 그것만이 지닌 장점이 있었다. 부모의 경우 자녀에 대해 기대하는 것이 많아지면서 과도한 욕심을 부릴 수 있다. 그러다보면 아이들을 감정적으로 대하기 쉽고 화를 내며 질책하게 된다. 아이는 그런 부모의 태도에 주눅이 들거나 자신도 모르게 반항심을 갖게 된다. 반면 할머니 할아버지는 화를 내고 다그치기보다는 너그럽게 타이르고 감싼다. 이미 자녀를 길러낸 경험에서 터득한 지혜와 비법도 갖고 있기 때문이다.

퇴계 이황은 격대교육 하면 빼놓을 수 없는 인물이다. 퇴계는 300여 명이 넘는 수제자를 길러내고 140번이나 넘게 공직의 부름을 받았던 조선의 대학자이지만, 그 바쁜 중에도 자녀뿐 아니라 친인척 자제 90여 명을 꼼꼼히 챙길 정도로 할아버지의 역할을 다했다. 특히 그는 편지를 많이 썼다. 아들 준에게 보낸 편지가 613여 통, 손자 안도에게 보낸 것은 125통에 이른다. 퇴계는 손자 안도가 15세가 되던 해부터 자신이 생을 마감한 70세까지 손자와 편지를 주고받았다.

퇴계는 손자에게도 큰 스승이었다. 편지마다 손자에게 공부를 열심히 하라면서 고칠 것이 있으면 찬찬히 바로잡아주었다. 학문에 대한 가르침은 어렸을 적 안도에게 보낸 편지에 주로 많이 담겨 있다.

"네 편지를 보니 문장이 끝나는 곳에 '뿐입니다'(이·耳)라는 글자를 자주 쓰더구나. 그러나 어른들에게 올리는 편지에는 '뿐입니다'라는 글자를 써서는 안 되니 그리 알거라."

손자가 그릇된 행실을 했을 때는 준엄하게 꾸짖기도 한다.

"지금 김취려에게 부친 편지를 보니, 큰 글씨로 마구 날려서 써놓았더구나. 거칠고 분별이 없는 행동을 조심하길 바란다."

편지를 이용한 퇴계만의 격대교육법이었던 셈이다. 퇴계의 가문은 이후 수많은 인물을 배출하면서 우리나라 최고의 명문가로 자리매김했다.

다시 조명받는 격대교육

자녀 교육만큼 힘들고 어려운 일이 없다고 한다. 재력과 권력은 노력을 하면 웬만큼 얻을 수 있다고 하지만 자식은 부모의 뜻대로 하기 힘들다. 이런 가운데 최근 격대교육에 대한 관심이 높다. 명문가의 자녀 교육 방법의 하나로 소개된 이후부터다. 서양에서 명문이라 꼽히는 가문들 가운데 격대교육의 모범적 사례로는 2대에 걸쳐 노벨상을 세 번이나 수상한 피에르 퀴리 가문과 마이크로소프트 사의 회장 빌 게이츠의 가문이 손꼽힌다.

퀴리 가문은 할아버지가 손녀를 키워냈다. 실험실에서 연구에 매달리던 과학자 퀴리 부부를 대신해 할아버지는 손녀 이렌느에게 소설을 읽어주었고, 식물학과 박물학에 대한 관심을 갖도록 이끌었다. 그녀는 아버지 어머니에 이어 노벨화학상을 수상해 2대 연속 노벨상 수상이라는 진기록을 냈다.

빌 게이츠는 할머니의 영향을 많이 받았다. 빌 게이츠 회장은 자서전에서 "할머니와의 대화와 독서가 나를 만들었다"고 회고했다.

미국의 버락 오바마 대통령도 격대교육의 사례로 자주 인용된다. 두 살 때 부모가 이혼하는 바람에 오바마는 열 살 때부터 외조부모 밑에서 성장하였다. 그는 "내가 편견 없이 자랄 수 있었던 것은 모두 외할머니 덕분"이라면서 돌아가신 할머니를 추모했다.

『현대 명문가의 자녀교육』의 저자 최효찬 자녀경영연구소 소장은 "부모의 힘만으로 또는 자녀의 힘만으로 명문가를 이룬 예는 결코 찾아볼 수 없다. 부모와 자녀, 세대 간에 힘을 모아야 비로소 명문가가 만들어진다"고 강조한다.

과거에는 아이들이 대부분 할머니, 할아버지의 '무릎'을 학교 삼아 자연스럽게 세상을 배워갔다. 유아교육 전문가들은 어릴 때부터 조부모와 친밀하고 밀접한 관계를 맺은 아이들은 예의가 바르고 식습관이나 대인관계가 원만하다고 평가한다. 한마디로 인성교육이 잘 돼 있다는 것이다.

격대교육은 앞선 세대의 풍부한 지혜와 경험을 대물림해준다는 차원에서 소중한 우리의 교육법이다. 연장자에게 그에 맞는 사회적 지위를 부여하고, 그들의 지혜를 전수받아 사회 전체의 자산으로 만드는 것은 사회적 투자요 책무이기도 하다.

참고서적

선비의 육아일기를 읽다 이문건 저, 김찬웅 편, 글항아리, 2008
5백년 명문가의 자녀교육 최효찬, 예담, 2005
조선 양반의 일생 규장각한국학연구원, 글항아리, 2009
조선 평전 신병주, 글항아리, 2011
책의 이면 : 책을 읽다, 사람을 읽다 설흔, 역사의아침, 2012
한국사를 바꿀 14가지 거짓과 진실 KBS역사추적팀, 윤영수, 지식파수꾼, 2011

07 한류, 믿음을 통하다

1748년 에도(도쿄) 거리
온 섬의 남녀노소가 구름처럼 몰려와
산과 들판을 메웠다
장막을 치거나 머리와 얼굴을 가리고서 관람했다

임진왜란이 끝난 지 10년도 채 안 된 1604년

"일본은 같은 하늘을 이고 살 수 없는 불구대천의 원수다."

"나는 조선과 아무런 원한이 없다. 화친을 원한다."
- 도쿠가와 이에야스(새 집권자)

"저들의 원을 들어주지 않으면 다시 침입할까 두렵사옵니다."
- 김광의 「상소문」 중에서

그리하여
1604년
1607년
1617년
1624년
1645년
…
1811년

조선인 포로의 송환과
전후 일본의 정탐을 위해서 다시 시작된 통신사

5천리 왕복 8개월의 여정!

총 인원 30만 명
말 8만 마리
바쿠후幕府의 1년 치 예산을 웃도는 경비 100만 냥
이 모든 비용을 일본이 부담

조선의 사절단을 통해
권위를 높이고자 했던 일본

하지만
정작 그들을 감동하게 한 것은
조선의 수준 높은 문화와 예술

〈달마도〉

"하늘의 솜씨와도 같은 조화에 사람을 놀라게 한다."
- 『상한서화가표집』

"일본인들은 조선 문물을 사랑한다."
- 『해유록』

"조선의 마상재는 실로 절묘하고 기묘한 기예다."
- 『학산록』

"조선은 예의의 나라이므로 조선 사람뿐 아니라
그 필적까지 좋아하게 되었다."
- 『해사일기』

문화 교류에서 싹트기 시작한 서로에 대한 이해
문화의 힘을 바탕으로 한 믿음의 외교

"편견을 버리고 진실로 사귀는 것을
조선과의 외교원칙으로 삼아야 한다."
- 아메노모리 호슈(당대 일본의 대유학자)

믿음(信)을 통하게 하는 관계
평화와 우호의 상징
통신사 通信使

quaestio 07

임진왜란 이후 조선과 일본의 관계, 믿음은 다시 통할 수 있을까?

17세기 초반부터 19세기 초반까지 일본에 파견됐던 사신使臣이자 문화사절단을 통신사라고 부른다. '통신사通信使'는 말 그대로 '믿음을 통하게 한다'는 뜻이다. 통신사라는 명칭이 처음 나타난 것은 태종 때였다. 당시 동아시아는 하나의 '형님', 명나라를 모시고 있었다. 조선은 명을 황제의 나라로 여겨 왕이나 왕비, 왕세자를 정할 때에도 명의 재가를 받았다. 일본도 마찬가지였다. 조선과 일본은 '하나의 형님'에게는 '사대' 관계를, 양국 간에는 평등한 '교린' 관계를 유지했다. 그리고 서로 사이좋게 지내자는 뜻으로 조선은 일본에 '통신사'를, 일본은 조선에 '일본국왕사'를 보내기로 한다.

그러나 사이좋게 지내던 양국 사이의 약속은 1592년 임진왜란으로 깨져버린다. 명을 중심으로 유지되어오던 동아시아의 국제질서가 무너진 것이다. 임진왜란과 정유재란 이후 1600년대로 들어서면서 동아시아 정세는 급변했다. 일본에서는 도쿠가와 바쿠후幕府(막부, 무사정권) 시대가 열렸고, 중국은 명·청 세력이 바뀌는 시기였다. 조선과 일본은 이제 전쟁의 시대를 평화의 시대로 바꾸려는 노력을 기울인다. 이즈음 통신사가 다시 등장한다. 도요토미 히데요시가 죽은 뒤 정권을 잡은 도쿠가와 이에야스의 요청에 따른 것이었다. 다시 이전처럼 잘 지내보자는 뜻이었다.

일본이 조선 사람들을 초청한 이유는 여러 가지였다. 전쟁이 계속되면서 민생을 돌보지 않았던 바쿠후에 대해 민심이 좋지 않았다.

내부적으로는 바쿠후의 위상을 세워야 했다. 일본인들은 조선 사신 행차를 통해 마치 조선이 도쿠가와 이에야스 바쿠후에 사신을 보내 예를 갖춰 조아리는 것처럼 보여주려는 의도를 갖고 있었다. 임진왜란에 대한 복수로 조선이 일본을 침략할지도 모른다는 불안감이 있었기 때문에 일본의 새로운 권력자는 조선과 관계를 회복하는 일이 절실했다.

조선은 일본의 요구를 달가워하지 않았다. 전쟁 직후 '일본은 하늘을 함께할 수 없는 적'이라는 적대감을 갖고 있었기 때문이다. 믿음이 통할 수 없었지만 조선은 일본과 교류를 해야만 했다. 전쟁을 다시 겪지 않기 위해 일본의 동태를 살필 필요가 있었기 때문이다. 또한 북쪽 국경지대에서 여진족의 동향이 심상치 않은 가운데 백성들을 안정시키기 위해서는 일본에 끌려간 포로들을 데려와야 했다.

막혔던 물길은 쉽게 열리지 않았다. 선조는 1604년 사명대사 유정을 대표로 일본을 탐색하기 위한 '탐적사'를 파견했다. 도쿠가와 이에야스와 만난 사명대사는 귀국할 때 조선에서 끌려간 포로 1,400여 명을 데리고 돌아왔다. 사명대사의 보고와 일본의 요청이 세 차례 정도 있은 이후에야 국교 회복은 시작되었다.

드디어 1607년, 막혔던 교류의 물길이 다시 열렸다. 당시 조선에서는 이를 통신사라 하지 않고 '회답겸쇄환사回答兼刷還使'라고 불렀다. 일본이 보낸 국서에 회답하고 전쟁 때 잡혀간 포로 송환을 주된 임무로 한다는 뜻에서 붙인 이름이었다. 믿음을 내세우기에는 전쟁이 조선에 남긴 상흔이 너무나 컸다. 통신사라는 이름으로 활동이 시작된 건 인조 14년(1636년) 네 번째 사절단이 파견될 때부터였다.

200년간 12번을 오고 가다

통신사는 1607년부터 1811년까지 열두 차례, 450여 명의 대규모 사절단으로 구성돼 일본으로 떠났다. 이를 '사행使行'이라 불렀다. 권력을 이어받은 바쿠후 장군에게 보내는 조선 임금 명의의 국서와 함께 공식 외교문서인 서계書契, 일본에 건넬 선물이 이들이 지닌 품목이었다. 조선은 문화적으로 압도적인 위상을 보여주기 위해 전력을 다했다.

통신사에 얽힌 각종 수치상의 기록들은 흥미롭고도 놀랍다. 우선 200여 년 동안 파견이 끊이지 않았다는 점이다. 이 기간 동안 조선과 일본의 관계는 화평했다. 통신사의 규모 또한 대단했다. 정사와 부사, 종사관 등 공식적인 업무를 담당하는 관료와 통역관 외에도 문서를 기록하는 제술관, 사자관, 서기, 의술을 담당하는 의원, 그림 그리는 화원, 서커스의 기예 단원이라 할 수 있는 마상재인馬上才人(광대)에다 악기를 연주하는 악공, 개인적으로 데려가는 하인에 이르기까지 다양한 직업의 사람들로 구성된 평균 450여 명의 사절단이 파견되었다. 하나의 작은 조선이라 할 수 있을 정도였다. 이는 일본이 다시는 조선을 깔보고 침략전쟁을 일으키지 않도록 하려는 의도도 있었다.

이들은 한양에서 출발해 부산에 도착한 후 배를 타고 일본 쓰시마, 아카마가세키(오늘날의 시모노세키)를 지나 오사카에 상륙, 육로를 통해 교토와 나고야를 거쳐 에도(오늘날의 도쿄)에 이르렀다. 한양에서 에도까지 왕복 거리는 대략 2,000킬로미터. 짧게는 6개월, 길게는 1년 반 동안 바다를 건너고 강을 건너 끝없이 걸어야 하는 고달픈 여정이었다.

일본을 오랑캐의 나라라고 멸시했던 인식과 더불어 교통이 불편하고 잠자리도 음식도 익숙지 않고 말도 통하지 않는 곳을 일 년 가까운 기간 동안 수백 명이 함께 다닌다는 점 때문에 조선 사대부들은 사행으로 파견되는 것을 별로 달가워하지 않았다.

그러나 사행길에 고난과 고생만 있는 것은 아니었다. 낯선 곳의 풍물과 문화적 충격이 주는 즐거움이 있었다. 미인에 대한 관심은 예나 지금이나 마찬가지였다. 1763년 일본에 파견된 통신사 일행이었던 사신 원중거는 일본 주요 도시의 여인들을 멀찍이서 보고 비교해 평가하기도 했다. 나고야의 여인이 가장 자색이 뛰어나다고 점수를 주면서도 교토의 여인들은 "요염하고 어리석으며 예쁘고 연약함이 마치 부처 같고 신 같다"며 찬사를 보냈다. 그의 기록에는 시장통에서 베를 짜고, 배 만드는 곳에서 자귀질하는 여인 얘기도 나온다. 18세기 후반 일본의 수공업과 시장경제의 태동을 보여주는 대목이다.

400여 명이 넘는 사행원들은 주로 사찰로 이동해 잠을 잤다. 통신사를 다 수용할 수 없는 경우에는 임시로 가옥을 설치하기도 했다. 방 배정은 예나 지금이나 다르지 않았다. '좋은 방'을 차지하려는 실랑이가 벌어지고는 했다. 먼저 도착한 사람이 스스로 편한 곳을 차지하기도 하고 친하고 마음이 맞는 사람과 같은 방을 쓰고 싶어 처

에도 쇼군이 통신사에게 연회를 베푸는 장면을 그린 《사로승구도》 중 〈관백연향〉

소에 적힌 방패를 몰래 바꿔 거는 경우도 있었다. 일본인보다 체격이 큰 조선의 선비들은 허리를 굽히고 앉아야 해서 더 좋은 가마를 타기 위한 가마쟁탈전도 벌어졌다. 쓸쓸함을 달래기 위해 이국의 명절을 함께 나누고, 집을 떠나 있다고 해도 생일은 챙겼다. 배에서도 조촐하게나마 생일상이 차려졌는데, 1763년 통신사로 가서 최초의 국문 사행가사인 『일동장유가日東壯遊歌』를 남긴 김인겸은 생일 아침에 손님을 대접하고 송편을 돌렸다고 한다. 그러나 그곳에서 또다른 현실과 마주하기도 한다. 1624년 통신사로 간 부사 강홍중은 『동사록』에서 이국에서 맞는 자신의 생일에 만난 사람들에 대해 적고 있다.

"사로잡혀온 여인 세 명이 좌화산에서 왔는데, 모두 전리도 사람이었다. 힌 사람은 양반의 딸인데, 정유년에 여덟 살의 나이로 사로잡혀 이곳에 왔다. 딸 하나를 낳아 지금 열네 살이 되었는데, 같이 데리고 나왔다. 이날은 내 생일이다. 이역에 와서 이날을 만나니, 더욱 고향 생각을 금할 수 없었다."

1624년 세번째 사행길은 포로를 돌려받는 것이 최대 목적이었다. 일본에 끌려간 당시 조선인은 대략 2~3만여 명으로 추정되지만 일본에 간 통신사가 데리고 돌아온 사람은 겨우 10분의 1에 불과했다. 끌려간 사람들이 이미 일본에 정착해서 살고 있기도 했지만 각 번(봉건영주인 다이묘가 지배했던 영역)에서 조선인들에게 송환 소식을 일부러 알리지 않았기 때문이다. 세월이 흘러 귀환하는 인원이 점차 줄어들자 포로 송환이라는 통신사의 임무는 잊혔다.

통신사의 애초 목적은 외교적인 데에 있었다. 그런데 통신사의 발길을 더듬을수록 문화사절로서의 모습이 더 부각된다. 중국으로 떠난 사행은 책에서 배우고 익혔던 것을 직접 확인하는 '수학여행'의 성격이 강했다. 그러나 일본은 미지의 세계였다. 앞선 경험이 없었을

뿐더러 생사마저 기약할 수 없었다. 좀더 넓은 세상을 보려는 욕구가 있는 이들에게 사행은 더없이 매력적이었다. 신분적으로 열세에 있던 서얼이나 중인들은 '우물 안 개구리' 같은 삶에서 벗어나 그간 소외됐던 자신의 능력을 발휘하고 답답함도 달랬다. 이들은 제술관製述官이나 서기書記 등으로 실무를 맡았다. 최초의 국문 사행가사인 『일동장유가』를 남긴 김인겸도 서얼 출신으로 1763년 파견된 통신사에서 서기를 담당했다. 이로써 문학 창작자가 사대부 중심에서 역관, 중인 등 시대적으로 소외됐던 이들로까지 확대될 수 있었다.

바쿠후는 500명이나 되는 통신사 일행들을 거의 200일가량 대접하는 데 1년 예산인 100만 냥 정도를 썼다고 한다. 거기엔 그럴 만한 이유가 있었다. 에도까지 오는 데에 드는 경비를 각 번의 다이묘들에게 부담시키면서 다이묘를 통제해 체제 안정을 꾀할 수 있었던 것이다.

통신사가 1607년부터 1811년 사이에 일본을 열두 번 오간 것에 비해 일본국왕사는 1606년부터 1622년 사이 조선에 다섯 번밖에 오지 않았다. 그중 한양까지 간 경우는 딱 한 번뿐이고 부산까지만 왔다가 갔다. 전쟁의 기억이 남아 있던 조선으로서는 일본 사절이 나라 안까지 깊숙이 들어오는 것을 허용할 수 없었기 때문이다.

17세기 일본, '조선 스타일'에 빠지다

통신사의 선단은 배 여섯 척이었다. 세 척의 배에는 사람들을, 세 척의 배에는 짐을 실었다. 일본 쪽에서는 호위하는 배를 비롯해 무려 1천여 척에 이르렀다고 한다. 육로에서는 말 1천 마리가 지나는 대행렬이 연출됐다. 1636년 통신사 일행을 에도에서 본 나가사키의 네덜란드 상관장商館長 니콜라스 쿠케바켈은 일기에서 "이 행렬이 전부

지나가는 데에 다섯 시간이 걸렸다"고 적고 있다. 육로를 따라 행진하는 통신사 행렬을 보기 위해서 길가에는 수많은 구경꾼들이 넘쳐났다. 오늘날로 치면 '거리 퍼레이드'였던 셈이다.

통신사 일행이 통과하는 객사는 수행원에게 한시와 글씨, 그림을 받기 위해 몰려든 군중으로 인산인해를 이루었다. 일본인들은 조선인의 시와 글씨에 열광했다. 통신사들은 일본의 지식인들과 함께 모여 시문창화詩文唱和(다른 사람이 쓴 시의 운에 맞추어 시를 짓고 서로 주고받음)를 많이 했다. 지식인만이 아니라 어부나 농부들까지 열광적으로 조선의 시문이나 글씨를 한 점 갖기를 바랐다.

"200, 300리 떨어진 곳에서 와 5, 6개월이나 기다리고 있었다. 글을 써주지 않는다면 얼마나 낙담할까. (…) 매일 시를 짓는 데 닳아버린 붓이 얼마나 되는지 모른다."

— 『일동장유가』

"일본인이 깃발에 쓴 문자라든가 병풍에 쓴 문자, 혹은 쪽지에 가늘게 적은 글이라든가, 문사들이 족자에 적은 글을 보면 필법이 기묘하다. 그런 때문인지 일본인은 우리나라 사람의 글을 얻으면 해서체든 초서체든 우열을 묻지 않고 기뻐서 껑충껑충 뛰며 어쩔 줄 몰라 했다."

— 『해사일기』

심지어 일본인들 사이에 "조선인의 글씨나 그림을 지니면 액운이 달아난다"는 소문까지 돌면서 "조선 사신이 쓴 글이면 내용 여하를 막론하고 얻고자 했다"고 한다. 요즘 말로 치자면 '한류'였던 셈이다.

통신사는 일본인들에게 선진문물을 전파하는 외교사절단으로 인식됐다. 1764년 2월 일본 나고야에서 나눈 필담筆談을 잠시 엿보면

17~19세기 조선통신사 수행원들과 일본 전문가들은 붓으로 대화를 나눴다. 말은 안 통했지만 한자를 썼기 때문에 의사소통이 가능했던 것이다. 주로 일본 전문가가 묻고 조선 수행원이 답하는 식이었다.

통신사 의원 이좌국이 일본 바쿠후 의관醫官 야마다 세이친과 마주 앉았다. 세이친이 붓을 들어 적었다. "인삼 재배하는 방법을 들을 수 있겠습니까." 이좌국이 붓을 건네받아 썼다. "인삼은 원래 제조법이 없습니다. 일본 의원들은 늘 그걸 설명해달라고 하는데, 사실을 잘못 들은 듯합니다."

당시 일본에서는 인삼의 약효에 관심이 많았지만, 풍토가 안 맞아 재배를 못했다. 일본 의관들은 인삼 재배법을 집요하게 캐물었다. 그러나 수행원들은 끝까지 시치미를 뗐다. 인삼 재배법은 당시 조선의 국가기밀이었기 때문이다. 통신사와의 필담은 당시 일본인들에게 '특급정보'로 통했다. 통신사의 숙소 앞은 선진기술과 학문에 대해 자문을 하려는 일본인들로 늘 북적였다.

교류는 학문과 시서화뿐 아니라 음악, 의약, 기예 등 다양한 분야에서 이뤄졌다. 통신사 일행 가운데 마상재인은 일본인들에게 오늘날로 치면 '한류스타'였다. 1635년에는 일본 정부의 간청에 의해 마상재인 장효인과 김정이 사절단을 따라 일본에 건너가서 곡마 묘기를 선보인 적이 있었다. 일본인들은 기묘한 재주에 열광했고 그 뒤로 사절단에는 반드시 마상재인이 동행해야 했다. 일본인들은 마상재를 모방해 다이헤이본류大坪本流라는 승마기예의 한 유파를 만들었다. 지금도 일본에는 통신사 일행을 모델로 한 인형은 물론 통신사가 입었던 복장과 연주음악, 춤 등이 지역축제를 통해 전해지고 있다.

통신사는 전쟁으로 끊어진 조선과 일본의 다리를 다시 연결했다. 문화적 물꼬가 트이면서 두 나라 사이에 놓인 긴장의 얼음이 녹아내렸다. 그 가운데 통신사가 남긴 사행 문학은 문화 교류의 중심에 놓여 있다. 일본보다 문화적으로 우월하다는 자긍심이 있었던 조선은 정사, 부사, 종사관 등 사행원을 선발할 때에도 글을 얼마나 잘 쓰는지를 가장 우선순위에 두었다. 심지어 성종은 군관을 뽑을 때조차 "무재武才만으로 뽑지 말고 문장을 잘하는 자를 택하라"는 명을 내리기도 했다.

 사행원들은 1년간의 여정에서 보고 듣고 경험한 것을 세세히 기록에 남겼다. 사행 문학의 정점은 『해행총재』에 들어 있는 열아홉 권이다. 이중 신유한의 『해유록』은 박지원의 『열하일기』와 쌍벽을 이룬다는 평가를 받고 있다. 이 책은 훗날 『청천해유록초』라는 요약본까지 등장할 정도로 일본으로 향한 통신사들에게 일본 여행 가이드북 같은 인기를 누렸다. 이외에도 『부상록』 『해사일기』가 3대 사행록으로 꼽히고 있다.

 『열하일기』를 쓴 박지원을 비롯한 북학파가 '연행사燕行使'로 베이징에 간 것은 18~19세기였다. 하지만 통신사는 이보다 한참 앞섰다. 수레, 수차, 고구마 등 당시 일본에 있던 문물을 가져왔다는 점에서

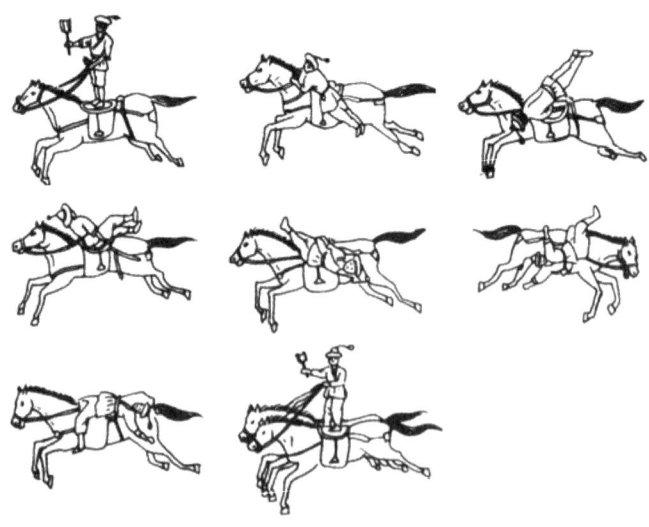

당시 통신사들의 기록은 '실사구시實事求是'라는 사회적 분위기 형성에 한몫을 했다.

통신通信에서 배신背信으로

18세기 들어서면서 분위기는 다시 달라졌다. 일본에서 신도神道(일본 고유의 민속 종교)를 중시하고 일본의 고대 정신으로 돌아가자는 국학운동이 일어났다. 일본 내부에서 문화적 자부심 또는 고유성에 대한 인식이 생긴 결과였다. 이는 일본이 중화체제에서 서서히 이탈하는 과정을 의미하기도 하고, 메이지유신이라는 근대체제의 성립에 일조하는 요소가 된다.

대륙의 정세가 안정되면서 통신사 파견도 다소 형식적이 되었다. 외교적 의미가 약화되자 1811년 파견된 통신사는 대마도에서 국서를 교환하고 만다. 결국 1811년 통신사를 끝으로 양국의 문화교류는 막을 내렸다. 200년간이나 지속된 평화 역시 막을 내리고 있었다.

일본에서는 1868년 메이지유신이 일어나 바쿠후가 무너지면서 천황 세력이 권력을 잡았다. 그리고 잇달아 조선에 대한 침략론인 '정한론征韓論'이 일어났다. 메이지정부는 조선과 대등한 교린관계를 유지하려 했던 도쿠가와 이에야스 바쿠후와는 달랐다. 근대국가로서 자신감이 넘쳐났다. 메이지유신 이후 일본은 동북아시아 전체의 맹주로 자신을 내세울 준비에 들어가게 된다.

조선은 메이지정부에 대등한 관계를 요구했지만 일본은 이를 무시하고 1872년 부산에 있던 왜관을 무력으로 점령했다. 1875년의 운요호 사건은 그 연장선상에서 발생한 것이다. 이후 일본의 조선침탈이 이어졌다. 통신사가 이끌어온 평화의 물결은 물거품이 되고 말았다.

다시 신의信義가 통하기를

통신사는 말 그대로 신뢰를 나누고 통하는 '공존의 루트'였다. 애초에 전쟁을 막고 조선인 포로를 데려오려는 외교적 목적이 강했지만 점차 문화교류로 무게중심이 옮겨가면서 조선과 일본은 서로 공존하며 평화로운 관계를 만들 수 있다는 가능성을 보여주었다.

광복 이후 금지된 양국관계의 문화교류는 광복 후 53년 만인 1998년 10월, 김대중 정부가 일본 대중문화 유입을 허용하며 영화 분야에서 부분적으로 1차 개방이 이루어졌다. 일본문화 개방은 1998년 10대 뉴스에 포함될 만큼 큰 사건이었다. 그 후 1999년에 2차, 2000년에 3차, 2004년에 4차 개방을 통해 영화와 애니메이션, 공연, 음반, 방송으로 분야가 확산되었다. 현재 지상파 방송의 TV드라마와 쇼, 오락 분야 등 일부를 제외하면 한국 내 일본문화는 전면 개방이 이루어진 상태다.

한국과 일본의 문화교류 규모는 엄청난 성장을 이뤘다. 2004년 전면개방을 앞두고 일본의 대중문화가 한국의 문화계를 초토화 시킬 것이라는 목소리가 무색할 정도다. 드라마와 가요의 한류 바람은 그 진원지가 일본이었다.

하지만 한·일 문화교류는 교과서의 역사 왜곡과 독도 문제, 위안부 문제 등으로 인해 혐한嫌韓과 반일反日을 오가며 줄타기를 하고 있다. 2012년 8월, 런던 올림픽에서 축구 국가대표팀의 박종우 선수는 일본과의 경기에서 승리한 후 관중이 건넨 태극기가 그려진 "독도는 우리 땅"이라는 피켓을 들고 세리머니를 했다. 이에 일본 배우 이즈미야 시게루는 "(독도 문제에서) 가장 문제인 것은 (한국의) 스포츠 선수나 가수가 정치적인 언동을 하는 것"이라고 말했고, 일본의 인기 개그맨인 다무라 아쓰시는 자신의 트위터에 "독도는 일본 고유의 영토. (한국 대통령은) 일왕에 사죄해주기 바란다"라는 글을 남겼다.

이에 가수 김장훈과 송일국의 독도수영 횡단, 최근 이명박 대통령의 독도방문이 잇따랐고 일본 정부는 이에 대해 한일 통화 스와프 협정 재연장 포기, 독도 문제의 국제사법재판소 제소 등으로 맞서고 있다.

광복 이후 한일 양국의 국교는 정상화되었고 문화 개방도 이루어지고 있으나 교과서의 역사 왜곡과 독도 문제, 위안부 문제 등은 여전히 해결되지 않은 채 남아 있다. 믿음으로 소통하겠다던 조선통신사의 정신을 오늘날 다시 불러와야 하지 않을까?

참고서적

뿌리 깊은 한국사, 샘이 깊은 이야기 5 : 조선후기 김종수, 솔, 2002
일본으로 간 조선의 선비들 김경숙, 이순, 2012
조선시대사론집 이원순, 느티나무, 1992
조선시대 한일관계사 연구 손승철, 경인문화사, 2006
조선통신사 한일공통역사교재 제작팀, 한길사, 2005
통신사를 따라 일본 에도시대를 가다 정장식, 고즈윈, 2005
한국사 32 국사편찬위원회 편집부, 국사편찬위원회, 1998

2부 나는 누구인가

01 자화상
02 왕의 남자가 되는 법
03 고향으로 돌아온 어인들
04 네 개의 단서
05 조선의 이방인, 백정
06 조선의 시간
07 보이지 않는 시선

01 자화상

그는 명문가의 자손이었다

15세
결혼
22세
사별
30세
당쟁에 휘말려 귀양 간 친형 사망
39세
친한 선배, 장희빈 두둔하다 곤장 맞고 사망

권력 싸움에 밀려난 가문
형제, 벗들의 서글픈 죽음

46세
한양을 떠나 고향 해남에 내려가
세상을 등지고 글과 그림을 벗삼다

"…감정을 억제하고 슬픔을 줄이려 하니
머리카락은 반백이 되었으며…"
−『공재 윤두서 행장』

벼슬에서 멀어질수록
다가오는 서민들의 삶

"궁핍한 사람들을 불쌍히 여겨
묵은 빚 문서를 태워버렸다."

처음에는 나무 그늘 아래
양반을 그리던 선비 화가가
어느 날부터 노동하는 서민을 그리기 시작했다

조선 회화 300년 만에 처음 있는 일!

김홍도보다 앞서 그린 서민의 삶!

〈나물 캐는 여인〉

"마구간 앞에 서서 종일토록 말을 주목해 보고
털끝만큼이라도 비슷함에 의심이 없어야 붓을 들어…"
- 『청죽화사』

보이는 대상을 그대로 재현하던 그가
죽기 전 마침내 도전한 자신의 참모습

〈자화상〉

평생 벼슬에 나아가지 않았으니
사대부의 상징인 관모는 과감하게 생략
시선은 당당하게 정면 응시
그래도 어쩔 수 없이 새겨진 인생의 그늘

수없이 들여다보며 자신에게 묻고 물었을 질문

나는 누구인가

cogito 01

윤두서, 그는 누구인가?

조선 역사상 가장 당쟁이 치열했던 17세기, 공재는 남인을 대표하는 해남 윤씨 집안의 종손으로 태어났다. 윤두서는 〈오우가五友歌〉로 널리 알려진 고산 윤선도의 증손자이기도 했다. 남인의 핵심 사대부 집안에서 태어났고 재능까지 가졌던 윤두서는 과거를 통해 출세하려는 꿈을 가지고 있었다. 그러던 와중에 1691년 그의 나이 스물네 살 되던 해에 아버지 윤이후가 관직을 버리고 귀향하자 다음과 같은 시를 썼다.

눈 내려 두터운 구름과 합쳐지니
하늘은 낮고 밤은 캄캄하네
매서운 추위 두려워서
매화꽃 일찍 피지 못하네

그는 시를 통해, 정치에 휘말려 한순간 자신의 목숨은 물론 집안까지 몰락시킬 수 있는 현실을 매화도 피지 않는 겨울에 비유했다. 이로부터 2년 뒤 윤두서는 진사시험에 합격했다. 하지만 그는 불안했다. 숙종 집권기는 조선왕조에서 당쟁이 가장 치열했던 시기였다. 서인과 남인의 밀고 밀리는 힘겨루기 속에서 주변 인물들은 멀리 귀향을 떠나거나 목숨을 잃었다. 그가 호를 '공재恭齋'라 하며 공손함을 가장 우선하는 삶의 원칙으로 삼은 까닭도 이런 혼란스러운 시대 탓이었는지 모른다.

자화상

  날이 갈수록 입신양명에 대한 기대는 허물어지고, 공재는 결국 벼슬을 포기하고 은둔하는 삶을 택한다. 글을 읽고, 글씨 쓰기와 그림 그리기를 하며 생애를 보낸 결과 그는 어떤 직업화가보다 높은 경지에 오를 수 있었다. 46세 때 서울 생활을 접고 고향인 해남으로 돌아온 그는 2년 후 48세를 일기로 세상을 떠났다.

  조선시대를 대표하는 천재 화가로 꼽히는 '3재三齋'가 있다. 진경산수화의 대가 겸재謙齋 정선, 겸재의 제자로 조선남종화풍을 창시한 현재玄齋 심사정, 그리고 공재 윤두서이다. '재齋'는 '공경하다' '삼가다' '공손하다' 등의 뜻이니, 다들 당대 가장 뛰어난 재능을 가지고 있었으면서도 스스로를 낮추는 겸손을 삶의 자세로 익히고자 한 인물들이다. 공재 윤두서의 〈자화상〉은 그가 죽기 5년 전에 남긴 그림으로 조선 후기 회화 역량의 절정이 집약되었다는 평가를 받으며 자화상으로서는 드물게 국보(제240호)로 지정됐다.

조선 후기 회화의 개척자

18세기는 조선 회화의 전성기로 꼽힌다. 겸재 정선, 현재 심사정, 단원 김홍도, 혜원 신윤복 등 뛰어난 화가들이 활동하며 진경산수와 풍속화 등 조선 회화를 꽃피웠다.

  당시 조선 후기를 대표하는 문화 키워드는 '실학'이었다. 중국이 만주족의 나라인 청나라가 된 후, 조선은 현실을 들여다보기 시작했다. 자신이 딛고 서 있는 자연, 삶, 인간에 대한 탐구가 중요한 화두로 떠올랐다. 미술 분야에서도 중국의 화풍을 답습하는 대신 우리의 산천과 인물, 풍속을 화폭에 담기 시작했다. 겸재 정선은 진경산수화의 시대를 열었고, 단원 김홍도와 혜원 신윤복은 한국적인 해학과 정취를 곁들인 풍속화로 당시의 생활상을 생생하게 표현해냈다. 19세기에 이르러 이 변화의 물줄기는 추사 김정희가 이뤄낸 문인화로 이어졌다. 물줄기에는 샘이 있기 마련이다. 조선 후기 회화사를 이끈 수원水源은 바로 윤두서였다. 김정희가 공재를 가리켜 "옛 그림을 배우려면 마땅히 공재로부터 시작해야 한다"고 평한 것은 바로 이런 이유에서였다.

〈자화상〉이 가지고 있는 인상이 강렬하여 많은 이들이 그를 〈자화상〉의 작가로만 생각하지만 사실 그는 〈유하백마도〉〈노승도〉〈채괴도〉〈석류매지도〉 등 동물과 식물, 풍경, 노승, 인물, 풍속 등 다양한 소재로 작품을 남겼다. 그의 그림에는 '리얼리티'에 대한 고

〈돌 깨는 석공〉 일부

민의 흔적이 드러나 있다. "마구간 앞에 서서 종일토록 말을 주목해 보고 털끝만큼이라도 비슷함에 의심이 없어야 붓을 들어 그림을 그렸다"는 일화가 전해질 만큼 그는 대상을 사실적으로 묘사했다.

윤두서가 특히 초점을 맞춘 것은 서민들의 삶이었다. 밭을 갈고 있는 농부, 짚신을 만드는 사람, 나물을 캐는 여인 등을 관찰하고 화폭에 옮겼다. 조선 중기까지만 하더라도 그림의 주인공은 대부분 중국 고사에 등장하는 인물이나 사대부 양반 같은 지배층이었다. 그러나 윤두서는 그 틀을 깨고 이름 없는 서민들을 화폭에 등장시켰고, 그들의 땀내 나는 노동 현장과 평범한 일상에 주목했다. 김홍도, 김득신, 신윤복이 꽃피워 많은 사람들의 사랑을 받게 된 풍속화의 '원조 화가'는 바로 18세기 초반의 윤두서였던 것이다.

세상을 두루 살폈던 실학자

윤선도의 증손자로 해남 윤씨 어초은공파의 종손이었던 만큼 그는 태어나는 순간부터 죽는 날까지 부와 명예를 누리며 살 수 있었다. 그러나 그는 대부분의 양반들이 고민조차 하지 않았을 백성의 삶, 하층민들의 척박한 삶에 눈길을 돌렸다. 머리로만 고민한 것이 아니라 직접 실천에 옮겨 구휼에 앞장섰다.

서울 생활을 정리하고 해남으로 낙향한 직후인 1713년, 해남에는 심한 기근이 들었다. 그때 윤두서는 집안 소유였던 백포마을 망부산의 나무를 베어 소금을 굽는 염전사업을 추진한다. 죽기 직전까지 그는 버려진 땅을 개간하는 사업을 추진했다. 황무지였던 땅을 경작지로 바꾸어 집 없는 자들의 생활터전을 확보했던 것이다.

윤두서는 노비세습 제도를 문제 삼기도 했다. "노복과 하층민들을 사람답게 대접하는 것이 집안을 길이 보전하는 길"이라고 자손들에게 강조했다. 당시로서는 획기적인 사고방식이었다. 고단하게 삶을 꾸려가는 사람들을 불쌍히 여겨 묵은 빚 문서를 태워버리고, 입고 있던 옷도 벗어줄 정도로 서민들의 삶에 애정을 가지고 있던 윤두서가 화폭에 서민을 등장시킨 건 자연스러운 귀결이었는지도 모른다.

윤두서는 시·서·화에 모두 능했다. 그러나 거기에 머물지 않았다. 천문, 지리, 음악, 경제, 의학 등에 걸친 폭넓은 분야에 두루 섭렵한 학자였다. 〈동국여지지도〉와 〈일본여도〉라는 조선과 일본의 정밀지도를 그렸으며 천연두 치료법과 예방법까지도 고안해냈다. 양반 사대부의 금기를 깨고 악기, 우리나라 최초로 현악기인 칠현금을 만들기도 했다. 성호 이익李瀷은 공재의 제문祭文에서 자신의 형제가 공재로부터 박학다식한 면을 배웠으며 그가 세상을 떠나 더이상 배울 수 없는 아쉬움을 이야기했다.

수수께끼 속에 가려 있던 자화상, 얼굴을 드러내다

그 옛날 초상화는 아무나 가질 수 있는 것이 아니었다. 더욱이 조선시대의 자화상은 극히 드물다. 자신을 '그릴 가치가 있는 인물'로 인식하는 경우가 드물었을 뿐 아니라, 정밀한 묘사 능력을 갖춘 사람도 많지 않았다.

인물을 극적으로 과장하는 중국이나 일본의 초상화에 비해 우리나라 초상화는 얼굴을 강조하며 묘사도 치밀하다. 조선시대 초상화는 "터럭 하나라도 닮지 않으면 다른 사람이다"라는 관념 아래 사실적인 것을 중요하게 여겼다. 마마 자국이나 피부가 하얗게 변하는 백반증까지 그대로 묘사했을 정도였다.

윤두서의 〈자화상〉은 안면을 사출寫出(그대로 베껴냄)한 작품이다. 가로 20.5센티미터, 세로 38.5센티미터로 그다지 큰 화폭은 아니지만 그 작은 크기의 그림이 뿜어내는 기운은 보는 사람을 압도한다. 화면을 가득 채운 얼굴, 한 올 한 올 치밀하게 그린 수염과 눈썹, 살짝 올라간 눈매, 그리고 살아 있는 듯 형형한 눈까지. 〈자화상〉의 눈 속에는 정신과 영혼이 담겨 있다. 친구였던 이하곤은 이 그림을 보고 "6척도 되지 않는 몸으로 천하를 뛰어넘으려는 의지가 있다. 바라보는 사람은 사냥꾼이나 검객이 아닌가 의심한다. 하지만 자신을 낮추고 겸양하는 풍모는 돈독한 군자와 비교해도 부끄럽지 않다"고 말했다.

윤두서의 자화상이 가진 진면목은 눈보다는 눈두덩이다. 결연한 기상으로 넘쳐흐르는 눈을 눈두덩이 살짝 감싸고 있다. 오랜 세월 가슴 깊이 담아둔 굳센 의지 같은 것도 보이고, 우수와 고독이 드리운 쓸쓸한 기운도 보인다. 도톰한 살은 음영을 통해 흐릿하게 표현되어 있는데 이전의 조선 회화에서는 볼 수 없었던 기법을 통해 입체감을 확보했다.

신체의 다른 부분은 과감히 생략한 채 얼굴만 그린 구도는 당시로서는 파격이었다. 있어야 할 두 귀, 목과 상체가 없고, 탕건 윗부분은 잘려나간 채 화폭 위쪽에 매달린 얼굴이 정면을 매섭게 노려보고 있다.

미술계에서는 두 귀가 보이지 않는 이유를 화가의 의도적 생략이라고 해석해왔다. 하지만 2005년 국립중앙박물관 연구팀이 해남 윤씨 종가에서 소장해온 공재의 자화상을 적외선 등으로 분석하면서 그림이 보여주지 않던 진실이 드러났다. 당초 두 귀와 목은 물론 상체까지 뚜렷하게 그렸고, 귀는 채색까지 한 것으로 확인된 것이다.

상체가 없는 것에 대한 수수께끼도 풀렸다. 미술사학자 오주석은 1937년 조선총독부가 펴낸 『조선사료집진속』에서 목과 도포를 입은 윗몸이 선명하게 남아 있는 윤두서 자화상의 옛 사진을 발견한다. 이후 그는 "윤두서가 버드나무 숯인 유탄으로 밑그림을 그린 뒤

미처 먹으로 윗몸의 선을 그리지 않아 작품이 미완성 상태로 후대에 전해오다 관리 소홀로 지워진 것"이라고 설명한다. 윤두서의 자화상이 애초에 미완성이었다는 결론을 내린 것이다.

　기존의 화법을 뛰어넘는 파격성은 정면을 바라보는 모습에서도 확인된다. 당시 대부분의 초상화는 살짝 얼굴을 비틀어 바라보는 시점으로 그렸다. 인물의 인상이 좀더 부드럽고 자연스러워 보이게끔 하기 위해서였다. 그러나 윤두서는 정면을 응시하는 자신의 모습을 있는 그대로 그리고 있다. 『한국의 초상화』를 쓴 조선미 교수는 공재의 시선에서 학문과 삶을 일치시키고자 했던 그의 엄정한 성격과 혼란스러운 시대 속에서도 자신의 삶을 꼿꼿하게 지켜나간 한 선비의 옹골찬 기개를 읽어내고 있다.

자화상, 나를 보는 또다른 거울

'나'란 과연 무엇인가? '나' 혹은 '자아'라는 개념은 근대 이전에는 낯선 개념이었다. 서양에서 화가들이 자신의 그림에 자화상이라고 이름 붙이기 시작한 것은 개성적 자각이 강해진 르네상스 이후였다. 17세기의 렘브란트는 그때그때의 심리상태를 표현한 자화상을 많이 그렸다. 19세기의 자화상으로는 평생 50여 점의 자화상을 그린 고흐의 그림이 유명하다. 자화상은 한 개인의 삶뿐만 아니라 인물이 살았던 시대상을 투영한다는 점에서 미술사에서 대단히 중요한 위치를 가진다.

　우리나라의 자화상은 조선 후기 실학의 등장과 관련이 깊다. 조선 후기 양반사회의 모순이 심각해졌음에도 불구하고 당시의 지배 이념이었던 성리학은 현실 문제를 해결하지 못했다. 이에 성리학의 한계성을 자각하고 비판하면서 현실 생활과 직결되는 문제를 탐구하려는 움직임이 나타나게 되었다. 실학은 17, 18세기 사회 모순에 직면하여 그 해결책을 찾으려 했던 학문이자 사회 개혁론이었다. 윤두서, 김정희, 강세황 등 자화상을 남긴 이들은 바로 이 시기를 살았다.

자화상self-portrait은 '발견하다'라는 의미의 라틴어 'protrahere'와 '자신'을 뜻하는 'self'를 결합한 단어로 '자기 자신을 발견하기 위해 그리는 그림'이라는 뜻이다. 자화상은 작가에게 있어서 자신의 인생과 예술을 담아낸 일종의 자서전이다. 따라서 그것을 그린 작가의 정신세계를 노출하게 마련이다.

진정한 자화상은 겉으로 드러난 얼굴과 내면의 정신이 서로 어울려야 한다. 조선시대에는 이것을 '전신사조傳神寫照(정신을 담고 있는 얼굴)'라고 불렀다. 공재 윤두서의 〈자화상〉에는 깊은 철학적 기운이 담겨 있다. 그는 삶의 속살을 엿보고 진심으로 사람을 아낀 인본주의자요, 새로운 세상을 꿈꾼 혁명가였다.

참고서적

공재 윤두서, 조선 후기 선비 그림의 선구자 박은순, 돌베개, 2010
오주석의 옛그림 읽기의 즐거움 1 오주석, 솔, 2005
화인열전 1, 2 유홍준, 역사비평사, 2001

cogito
02 왕의 남자가 되는 법

왕을 위해 목숨을 바쳐라
비밀을 발설하지 마라

그리고 입궁한 지 10년 후
반드시 거치는 이것!

왕을 위해 목숨을 바쳐라
충忠

비밀을 발설하지 마라
인忍

혹독한 수련을 거쳐
입궁한 지 10년째
반드시 거치는 신체검사!

당나라와 우호적이었던
통일신라의 경덕왕
그가 탐냈던 당나라의 제도 '환관'

중국 청나라 때의 환관

"왕의 수족이 되어 온갖 잡일을 처리하니
 이보다 더 편할 수 있으랴."

"왕비와 궁녀 곁에 두어도
 불미스러운 일이 없다."

그러나

사지를 뒤흔드는 고통!
수술 후 희박한 생존율!

그 누구도
스스로 환관이 되려 하지 않았다

"어렸을 때 개에게 물린 자는 모두 환자(환관)가 됐다."
−『고려사』 122권 열전 제35

환관의 시초는
전쟁에서 패한 나라의 포로를 거세시킨 것!

그러나 고려 말
원나라로 끌려간 고려의 환관들은
원 황제와 황족에게 신임을 얻으며
부와 권력을 손에 쥔다

"고려의 국호를 없애고
원나라의 성^{省}으로 편입시켜야 합니다."
−『고려사』 122권 열전 제35

고려를 원나라의 일개 성으로 편입시키려는 논의가 일자
원나라 황제의 모후^{母后}에게 간청해 논의를 중지시킨
고려 환관 방신우^{方臣祐}

하늘을 찌를 듯이 높아진
환관의 권세에
앞다투어 환관이 되려고 한 백성들

"환관을 선망하여 아비는 아들을 거세하고
형은 아우를 거세할 뿐 아니라
자기 손으로 거세하는 일이 흔했다."
-『고려사』122권 열전 제35

그러나 입궁 10년째
수염이 나거나
거세되지 않은 자는 바로 출궁!

신분상승을 위해
성性을 버리고 왕의 남자가 된 환관

경복궁 건립을 감독한 환관 김사행金師幸
단종을 끝까지 지킨 환관 엄자치嚴自治
연산군을 꾸짖은 환관 김처선金處善

환관은 천 년이 넘는 세월 동안 역사를 지킨 숨은 주인공이었다

cogito 02

왕의 남자, 그들은 누구인가?

영화 〈왕의 남자〉에는 우리가 알고 있는 대부분의 남자들과는 다른 종류의 남자들이 등장한다. 광대 공길과 환관 처선이다. 특히 처선은 이전의 영화나 드라마에서 보던 환관이 아니었다. 수염이 없는 매끈한 얼굴에 간드러진 목소리를 내는 간신이 아닌 충직한 신하이자 군주의 현명한 멘토였다. 처선을 통해 환관은 재발견되었다.

우리에게는 사실 환관보다 내시라는 단어가 더 익숙하다. 오늘날에는 내시와 환관을 구분 없이 쓰고 있지만 고려 초까지 내시와 환관은 엄연히 다른 일을 하는 직책이었다. 내시는 '양물陽物' 즉 남성 성기의 거세 여부와 상관없이 과거에 급제한 명문가 자제들로 구성된 최고의 엘리트 직책으로 내시 출신 중 많은 수가 재상에 올랐다. 그야말로 촉망받는 인재들이었다.

반면 환관은 거세된 자들로 왕을 보필하는 수준의 일을 도맡아했다. 『고려사』는 주로 젖먹이 때 개에게 성기를 잃은 남자들이 환관이 되었다고 전하고 있다. 초기만 해도 10여 명에 불과했던 환관은 고려 중기에 이르러 대폭 늘어났다. 왕의 손발이 되어줄 자들이 세력을 모으기 시작했던 것이다. 세를 불린 환관들은 차츰 내시직에 앉았고, 내시직을 주로 환관들이 맡게 되면서 내시와 환관이 같은 직책인 것처럼 혼동해서 쓰게 되었다.

우리나라에서 환관이 언제부터 존재하였는지는 정확하게 알 수 없다. 8세기 후반 통일신라 경덕왕이 당나라의 환관제도를 보고 부러워했다고 전해지는데, 현존하는 환관에 대한 가장 오래된 기록은

『삼국사기』에 나오는 9세기 흥덕왕 이야기다.

"흥덕왕 원년 12월에 왕비 장화 부인이 죽자, 정목왕후로 추봉하였다. 왕이 왕비를 잊지 못해 슬픔에 싸여 침울하게 지냈으므로 여러 신하들이 글을 올려 새로운 왕비를 맞이할 것을 청했다. 그러나 끝내 따르지 않았다. 또한 시녀들까지 가까이 하지 않았으며, 좌우로 심부름꾼은 오직 환수宦竪뿐이었다."

신라시대의 환수가 바로 환관이다. 환관은 우리나라에만 있던 것은 아니었다. 고대 중국, 이집트를 비롯해 그리스, 로마, 인도, 이슬람 국가에도 있었다. 전쟁포로나 큰 죄를 저질러 궁형(거세되는 형벌)을 받은 자들이 환관이 되곤 했다. 하지만 궁형이라는 형벌이 없던 고려에서는 천민들이 주로 환관이 되었다. 불의의 사고로 성기를 잃었거나 가난한 집의 부모가 어린 자식을 거세해 궁궐에 들여보내는 경우가 대부분이었다. 의학기술이 발달하지 않았던 당시 생식기능을 없애는 수술은 두 명 중 한 명이 죽었을 만큼 위험한 수술이었다.

환관정치의 시작

고려 초에 환관은 액정국(왕명을 전달하고 왕이 사용하는 붓과 벼루, 궁정 열쇠 등을 맡아 관리하던 관청)에 소속되어 궁중의 잡역을 맡았으며 7품 이상의 관직에는 오를 수 없었다.

환관이 힘을 얻기 시작한 것은 고려 제17대 임금인 인종의 뒤를 이어 20세에 임금이 된 의종 때부터였다. 개경의 문신 귀족 세력이 이런저런 간섭과 규제를 하자 인종의 뒤를 이어 스무 살에 임금이 된 의종은 왕권을 강화하기 위해 측근을 만드는 데 힘썼다. 의종은 환관들에게 많은 것을 의존했다. 그 결과 이른바 '환관정치'라는 기형적인 정치형태가 이뤄졌다. 왕을 믿고 위세를 부리기 시작한 환관들이 권력을 남용하면서 정치는 부패되었고 위계질서는 문란해졌다.

원나라의 간섭은 환관들의 영향력이 더욱 커지는 계기가 되었다. 충렬왕의 왕비 제국대장공주가 환관 여러 명을 친정인 원나라 세조에게 바친 후, 원은 고려 조정에 환관들을 바치라는 압력을 가해왔다. 원나라에 바쳐진 고려 환관들은 원 황제의 신임을 얻었고 고국인 고려에 사신으로 왔다. 요즘으로 치면 1급 외교사절 역할을 한 셈인데 이들은 각종 이권에 개입하면서 고려 내정에 간섭하기 시작했다. 환관 백안독고사는 원한을 품고 있던 충선왕을 티베트로 유배 보냈는가 하면, 충선왕과 충렬왕이 왕권을 다투던 시기에는 환관 이숙이 충렬왕 편에 서서 왕을 갈아치우려고 하기도 했다. 환관 최만생은 공민왕을 살해하기도 했다. 반면에 고려를 위해 애쓴 환관도 있었다. 환관 방신우는 원이 고려를 원나라에 편입시키려고 하자 긴밀히 대응해 나라 이름을 지키기도 했다.

환관들이 점차 존재감을 얻기 시작하자 고려에서는 환관이 되겠다는 지원자들이 줄을 이었다. 당시 환관은 신분을 초월해 출세할 수 있는 길이었다. 아버지는 아들을, 형은 아우를, 심지어 자기 손으로 자기 '그것'을 잘라내고 궁으로 들어오려 하는 이들도 있었다. 육체의 정욕을 차단하는 대신에 명예와 권력을 취하려 했다.

고려 중기를 넘어서면서 힘을 키운 환관들은 궁 곳곳에 환관의 관청인 내시부를 두었고 내시직은 점차 환관들로 대체되면서 고려의 마지막 임금 공양왕 때에는 내시직을 맡은 환관이 100여 명에 달했다.

체계적으로 만들어지고 관리된 조선시대의 환관

고려말 환관의 폐단을 몸소 겪은 조선의 개국공신들은 환관을 모두 궁에서 추방하라고 했다. 하지만 시중을 드는 이들을 모두 쫓아낼 수는 없었다. 대신 환관에 대한 선발과 그들의 업무를 국가차원에서 엄격하게 관리했다.

환관 신청 자격은 8세 전후의 고환을 없앤 남자아이들로 제한되었다(중국의 경우 고환과 남근을 모두 잘라냈지만, 우리나라는 고환만 제거하였다). 이후 신체검사를 받은 어린 환관들은 10여 년간 훈련과 수련 과정을 거쳤다. 말이 훈련이지 극단의 인내심을 시험하는 고문에 가까웠다고 한다. 입궁 후 10년이 지나서야 정식 환관이 될 수 있었는데 이때 또다시 신체검사를 받아 수염이 나거나 다른 신체적 결함이 발견되면 바로 출궁 당했다. 생활고를 해결하거나 출세를 노린 위장환관들을 가려내기 위해서였다.

조선시대 환관들의 주요 업무는 음식물 감독이나 문지기, 청소 등 잡무였지만 환관들은 공부 또한 게을리해서는 안 됐다. 승진 시험이 일 년에 4번 치러졌는데『논어』,『맹자』,『중용』,『대학』에서 한 권을 골라 시험관이 지정한 곳을 읽고 해석하는 시험이었다. 학식이 없으면 왕을 보살피기 힘들다는 이유 때문이었다.

조선은 고려의 폐단을 거울삼아 체계적으로 환관 조직을 관리하려 했지만, 조선의 환관들 역시 왕의 측근에 있다는 점을 이용해 경제적 이권을 챙겼고 정치세력과 연결되어 궁중 여론을 좌지우지하였다. 이들의 권세는 판서보다 높았고 재산은 도성의 갑부 못지않았다.

하지만 역사는 왕의 곁에서 충직한 신하이자 지혜로운 참모 역할을 한 환관들도 기록하고 있다. 환관과 군주의 관계는 군신관계였지만 실제로는 끈끈한 가족과 같았다. 대부분 외롭게 성장해온 왕들은 다 자란 뒤에도 자신의 수족이 되어준 환관을 잊지 못하고 부모처럼 의지했다. 환관들은 학식으로도 관료에 뒤지지 않았고 정치 경험이 풍부했으며 무엇보다도 선대先代의 사정을 잘 알고 있었다.

대표적인 예가 태조에게 궁궐의 법도를 가르친 환관 김사행이다. 많은 사람들이 경복궁을 만든 이를 정도전으로 알고 있지만, 정도전이 한 일은 완공된 경복궁의 전각들에 이름을 붙여준 것뿐이었다. 실제로 경복궁 건립을 감독한 사람은 태조 이성계가 총애했던 환관 김사행이다. 이성계는 임금 옆에 붙어 감시하고 견제하는 대간보다 환관을 신뢰했다. 엄자치도 세종의 절대적인 신뢰를 받았던 환관으로 세종과 문종의 유지를 받들어 단종을 지키려다가 세조에 의해 끝내 죽음을 맞이하고 말았다.

엄자치와 같은 시대에 궁에 있었던 김처선도 빼놓을 수 없다. 영화 〈왕의 남자〉에도 등장하는 김처선은 직언을 서슴지 않은 대표적인 환관이었다. 조선 제4대 임금 세종(혹은 5대 문종)에서부터 제10대 임금 연산군까지 조선 전기의 여러 임금을 모셨던 그는 정권이 바뀔 때마다 유배와 복직을 되풀이하다가 1505년 연산군의 손에 죽고 만다. 김처선은 영조 때에 이르러서 충신으로 명예회복이 되었다. 죽은 지 253년 만의 일이었다.

조선의 환관들은 정년제도가 없었지만 나이가 들어 업무를 수행할 수 없거나 병이 들면 모든 벼슬을 놓고 궐을 나와야 했다.

그렇다면 환관들은 일편단심 왕만 바라보며 '왕의 남자'로 살았을까? 조선의 환관들은 결혼을 할 수 있었다. 자식은 얻지 못해도 환관들은 부인과 첩을 거느렸으며 대를 잇기 위해 성姓이 다른 자식을 입양했고 『양세계보』라는 족보를 남기기도 했다. 환관제도는 1894년 갑오개혁 때 폐지됐다.

측근의 정치학

중국에 "황제보다 태감太監(환관의 우두머리)이 더 무섭다"는 말이 있다. 최고 권력자를 옆에서 보필하는 측근이 더 세도를 부린다는 얘기다. 요즘도 크게 다르지 않다. 그래서 나온 말이 '문지기 권력' '문고리 권력'이다. 문 안으로 들어가 권력의 핵심을 만나게 해주는 역할을 하는 사람을 일컫는 말이다. 옛말에 "권력의 문고리를 자주 잡는 자가 강한 자"라는 말도 있다.

환관은 임금의 최측근에서 온갖 업무를 처리했다. 문고리 권력을 가리켜 '환관 권력'이라고 부르는 이유가 여기에 있다. 문고리 권력은 시대와 장소를 떠나 어느 조직, 집단이든 반드시 있었다. 문고리 권력의 폐단은 동서고금을 막론하고 존재했다.

일본의 역사평론가인 사카이야 다이치는 『조직의 성쇠』에서 좋은 보좌역의 제1조건으로 '익명의 정열'을 강조했다. 투명인간처럼 권력자의 뒤에서 조용히 모든 일을 충실히 처리하는 측근을 말하는 것이다. 권력의 그림자였던 환관 역시 군주의 그림자로서 숨은 공로자로 있을 때 오히려 빛이 났다.

권력은 균형을 잡는 저울추라 했다. 그 추를 어떻게 잡느냐가 성공과 실패를 가른다. 측근 관리는 그 추의 가장 중심에 놓여 있다. 이에 실패하는 순간, 권력도 실패한다.

참고서적

내시와 궁녀, 비밀을 묻다 박상진, 가람기획, 2007
조선시대 환관들은 어떻게 살았을까 박영규, 주니어김영사, 2010
환관과 궁녀 박영규, 웅진지식하우스, 2009

cogito

03 고향으로 돌아온 여인들

"외아들이 있는데
새로 장가들도록 허락해주시옵소서."

1636년 병자호란

청나라의 광폭한 말발굽이
조선땅을 휩쓸고 간 자리

"피 냄새 진동하는 폐허 속에서
 한두 살, 세 살쯤 되는 아이들이
 시신 사이로 기어다니며 울어댄다."
　－『강도록』

"남아 있는 자라고는
 단지 10세 미만의 어린이와
 나이 칠십이 넘은 사람들뿐이다."
　－『인조실록』

당시 조선의 인구 1000만 명
청나라로 납치된 조선인의 숫자 50만 명!

유독
사대부 집 여인을 노렸던 청나라 군사들

그들이 기대한 것은
**납치한 조선인들을 가족에게
되팔아 얻는 돈!**

5냥
25냥
30냥
250냥
…

갈수록 커지는 포로 교환비
하지만 간신히 되돌아온 그녀들을 기다리는 것은
소박맞을 운명과 세상의 싸늘한 시선

"비록 본심은 아니었다고 하더라도
변을 만나 죽지 않았으니
절의를 잃지 않았다고 할 수 있겠는가."
-『인조실록』

"이미 절개를 잃었으면
남편과 의리가 끊어진 것이니,
억지로 다시 합하게 해서
사대부의 가풍을 더럽힐 수는 절대로 없다."
-『인조실록』

정절을 잃은 여인의 자손은
과거 응시자격 박탈!
출세 금지!

과거시험장 모습이 담긴 《평생도》 중 〈소과응시〉

가문으로부터 버림받은
수많은 여인들이 선택한 길
자결

가문의 명예를 위해
부인을
며느리를
버릴 수 있었던 시대

환향還鄕
: 그토록 그리던 고향으로 돌아오다

환향녀還鄕女
: 그토록 그리던 고향으로 돌아온 여인들

cogito 03

고향에 왔지만 옛 고향이 아니로다

"만약 이 일을 누가 안다면 자기는 아주 볼 장 다 보는 판이었다. 남의 남자를 시집에까지 불러들인 화냥년 치고도 이만저만한 화냥년이 아닐 판이었다."

하근찬의 장편소설 『야호』의 한 구절이다. 여기에 나오는 '화냥년'이란 단어를 오늘날 사전은 '서방질을 한 여자'라고 풀이하고 있다. 화냥년이라는 말의 뿌리는 '환향녀還鄕女' 곧 '고향에 돌아온 여자'다.

'환향녀'라는 단어가 처음 생겨난 것은 16세기 말에서 17세기 초, 임진왜란과 병자호란이라는 대전란이 조선을 휩쓸고 지나간 후였다. 많은 이들이 희생됐고, 피 흘렸고, 적에게 강제로 끌려갔다. 그리고 모진 목숨을 이어 다시 살아 돌아왔다. 그중에는 살았어도 죽은 목숨보다 못한 삶을 이어가야 했던 이들이 있었다. 고향에 돌아왔기에 '환향'이라 했지만 결코 환영받지 못했던 이 비극의 주인공들은 바로 환향녀다.

1636년 12월, 청나라의 침입을 받은 조선의 왕 인조는 왕세자와 문무백관을 이끌고 남한산성으로 피신한다. 청의 군사들은 남한산성을 포위하여 겹겹이 에워쌌고 산성은 완전히 고립된다. 왕이 수성을 하고 있는 동안 백성들은 청의 노략질에 초주검이 되어가고 있었다. 45일간의 전쟁으로 조선은 초토화된다. 강화도마저 함락되자 1637년 1월 30일 결국 인조는 성문을 열고 나와 삼전도에 설치된 수항단에서 청나라 태종에게 세 번 절하고, 아홉 번 머리를 조아리는

고향으로 돌아온 여인들

치욕적인 군신의 예를 행한다.

말이 조아리는 것이지 사실은 머리를 찧어 땅에 피가 밸 정도로 용서를 비는 절차였다. 무조건 항복한다는 의미였다. 여기서 끝난 것이 아니었다. 군신관계를 요구하는 청의 요구에 따라 인조의 두 아들 소현세자와 봉림대군이 볼모로 끌려갔다. 더 나아가 청은 조선의 여인들을 전리품으로 끌고 갔다. 병자호란으로 약 50만 명의 조선인이 붙잡혀갔다고 전해지는데 대부분이 여성들이었다고 한다. 허구의 방식을 빌리기는 했지만 병자호란이라는 시대적 배경 속에서 탄생한 박지원의 『열녀 함양 박씨전』은 당시의 처참한 풍경을 이렇게 그려내고 있다.

"오랑캐 장수들이 장안의 재물과 부인들을 잡아갈 새, 잡혀가는 부인네들이 박씨를 향하여 울며, '슬프다. 우리는 이제 가면 생사를 모를지라. 언제 고국산천을 다시 볼까?' 하며 대성통곡했다."

이미 정묘호란 때 수만 명의 조선인을 끌고 가서 거액의 몸값을 받고 풀어주며 이득을 챙겼던 청은 병자호란 때에도 포로를 확보하는 데에 상당히 공을 들였다. 포로 가운데에 사대부 가정의 부녀자들도 다수 포함되어 있었다. 가난한 백성들보다는 재물이 있는 사대부 부녀자들을 인질로 끌고 가야 훗날 주머니를 두둑하게 챙길 수 있다고 판단한 것이다. 청은 붙잡아온 인질들을 성문 밖에 모아두고 시장을 열었다. 공개적인 '인질 장사'를 벌인 셈이다.

"청인들이 남녀 인질들을 모아놓으니 수만 명이 되었다. 모자母子가 상봉하고 형제兄弟가 서로 만나 부여잡고 울부짖으니 곡소리가 천지를 진동하였다."

— 『심양일기』

국가가 문제를 해결해줄 수 없던 상황에서 백성들은 전 재산을 팔거나 빚을 내어 청나라에 끌려갔던 아내나 누이를 데려오곤 했다. 청이 요구한 인질값은 천차만별이었다. 조선은 청과 1인당 은銀 25~30냥에서 많게는 100~250냥 정도에서 포로 송환 액수를 타결했지만 돈 많은 양반집에서는 포로가 된 가족을 하루라도 빨리 데려오려고 은밀하게 뒷돈을 얹어주고 거래를 하곤 했다. 그로 인해 송환 비용은 1,000냥 넘게 치솟기도 했다. 턱없이 포로 송환비를 올려놓은 탓에 빈곤층들은 돈을 치르지 못해 통탄하는 경우도 허다했다. 청나라 심양을 다녀온 좌의정 최명길의 보고는 당시 상황이 얼마나 처참했는지 보여준다.

"제가 심양의 관사에 있을 때, 값을 정하고 한 처녀를 되찾으려고 하는데 청나라 사람이 약속을 깨고 값을 더 올렸습니다. 그러자 그 처녀는 돌아갈 수 없음을 알고 칼로 자신의 목을 찔러 죽고 말았습니다. 끝내 그녀의 시체만을 사서 돌아왔습니다."

원래 청의 군대들은 남의 나라에 들어가 함부로 부녀자를 겁탈하지 않는 것을 원칙으로 삼았다. 그러나 병자호란은 달랐다. 청을 무시한 조선에 대한 응징이었기 때문이다. 그로 인한 피해는 고스란히 부녀자들에게 돌아갔다. 여인의 정절을 목숨보다 더 중히 여긴 조선의 사대부는 살육과 겁탈이 휩쓸고 지나간 뒤 가문의 명예를 위해 여인들에게 스스로 목숨을 끊을 것을 강요했다. 남자들이 나라를 지키지 못한 대가를 여자들에게 떠넘긴 셈이었다. 하룻밤만 지나면 목매달아 죽은 여인들로 남산은 하얗게 변했다는 이야기가 회자되고는 했다.

환향녀 가운데에는 공주도 있었다. 의순공주였다. 인조에 이어 효종이 새로운 임금으로 즉위하자 청나라는 "왕의 누이나 딸, 혹은 왕족이나 대신의 딸 중 재색을 겸비한 자들을 뽑아 보내라"고 명한다. 효종에게 군신의 예를 강조하며 위협을 가했던 것은 혼인관계로 조선을 청나라에 종속시키기 위한 술수였다.

효종은 자신의 딸들을 오랑캐의 나라에 보낼 수 없었다. 왕족과 대신 들 역시 임금의 눈치를 보며 난감해하고 있었다. 이때 종실 금림군 이개윤이 자신의 딸을 보내겠다고 나선다. 효종은 고마운 마음에 그의 딸을 양녀로 삼고 의순공주義順公主라 이름 짓는다. '의순義順'은 말 그대로 대의에 순종한다는 뜻이었다. 여기에는 효종의 미안하고 고마운 마음이 담겨 있었다.

열여섯 살 어린 나이에 수양딸로 급조돼 청나라에 시집간 의순공주의 삶은 순탄치 못했다. 청나라의 섭정왕 도르곤에게 시집간 지 7개월여 만에 도르곤은 반역죄로 몰려 세상을 떠났고, 의순공주는 이후 우여곡절 끝에 7년 만에 조선으로 돌아왔다. 의순공주 역시 다른 환향녀들의 삶과 별반 다르지 않았다. 아버지 이개윤은 딸을 오랑캐에 팔아먹은 인물로 매도당했고, 의순공주는 오랑캐에게 몸과 마음을 더럽힌 여인으로 내몰리다가 스물여덟 살의 나이에 병으로 죽었다. 환향녀에게 고향은 어디에도 없었다.

사회문제가 된 환향녀의 이혼

포로가 됐다가 송환된 환향녀는 조선사회에 큰 파문을 일으켰다. 임진왜란 이후 선조 때에 적에게 끌려갔던 부녀자들이 송환되자 왕에게 아내와의 이혼을 청원하는 사대부의 상소가 끊이지 않았다. 당시에는 이혼을 하려면 왕의 허락을 받아야 했다. 그러나 선조는 "이혼을 요청한 상황은 충분히 이해할 수 있으나 절개를 잃은 것으로 볼 수 없기 때문에 허락할 수 없다"고 양반들의 이혼청구를 거절했다.

"이것은 음탕한 행동으로 절개를 잃은 것과 견줄 수 없다. (아내를) 버려서는 안 된다."

─『조야첨재』

1638년 3월 조정에는 환향녀의 이혼과 관련해 상반된 내용을 담은 두 개의 호소문이 올라왔다. 신풍부원군 장유張維와 전 승지 한이겸韓履謙의 사연이었다. 먼저 장유는 이렇게 호소했다.

"제 외아들(장선징)의 처가 청나라 군에 잡혔다가 속환贖還(몸값을 주고 귀국)했습니다. 지금은 친정 부모집에 가 있습니다. 이제 그대로 배필로 삼아 함께 선조의 제사를 받들 수 없습니다. 이혼하고 새로 장가들도록 허락해주시옵소서."

며느리가 이른바 환향녀이므로 아들의 이혼을 허락해달라는 것이었다. 그러나 전 승지 한이겸의 입장은 달랐다.

"제 딸이 청군에 사로잡혔다가 속환됐는데, 사위가 다시 장가를 들려고 합니다. 원통해 못 살겠습니다."

출가했던 딸이 환향녀가 되어 돌아온 것을 보는 애타는 부모의 심정을 이해해달라는 것이다. 한 사람은 시아버지의 입장에서, 다른 한 사람은 친정아버지의 입장에서 전혀 상반된 주장을 하고 있었다. 입장이 난처해진 인조는 대신들에게 의견을 물은 뒤 결정해야 한다고 물러섰다.

공론이 시작됐다. 좌의정 최명길이 나섰다. 최명길은 이혼을 허락하면 수많은 부녀자들이 속환을 포기하고 이역에서 원귀寃鬼가 되고 말 것이라고 경고하면서 단호한 어조로 '이혼 및 재혼 불가론'을 펼쳤다.

"전쟁이라는 급박한 상황 속에서 몸을 더럽혔다는 누명을 뒤집어쓰고도 진실을 밝히지 못한 여인이 얼마나 많겠습니까. 그리고 사로잡힌 부녀자들이 모두 몸을 더럽혔다고 볼 수 있습니까."

그러나 이혼을 허락하자는 의견도 만만치 않았다. 『인조실록』에는 최명길을 비판하는 내용이 적혀 있다.

"충신은 두 임금을 섬기지 않고 열녀는 두 남편을 섬기지 않는다. 포로가 된 부녀자들은 비록 본심은 아니었지만 변을 만나 죽지 않았으니 결국 절개를 잃은 것이다. 그러니 억지로 다시 합하게 해서 사대부의 가풍을 더럽힐 수는 절대로 없는 것이다."

환향녀의 이혼 문제와 관련한 긴 회의 끝에 인조는 선조 때의 전례를 따르라는 명을 내렸다. 환향녀와의 이혼과 다른 여자와의 재혼을 금한 것이다. 하지만 사대부들은 임금의 명령을 듣지 않았다. 너도나도 조강지처를 버리고 재혼을 한 것이다.

장유 집안의 '이혼 문제'는 2년 뒤 다시 논란이 되었다. 1640년 9월에는 이번에는 장유의 아내가 예조에 호소문을 올렸다. "며느리의 타고난 성질이 못되어 시부모에게 순종하지 않고, 또 편치 않은 사정

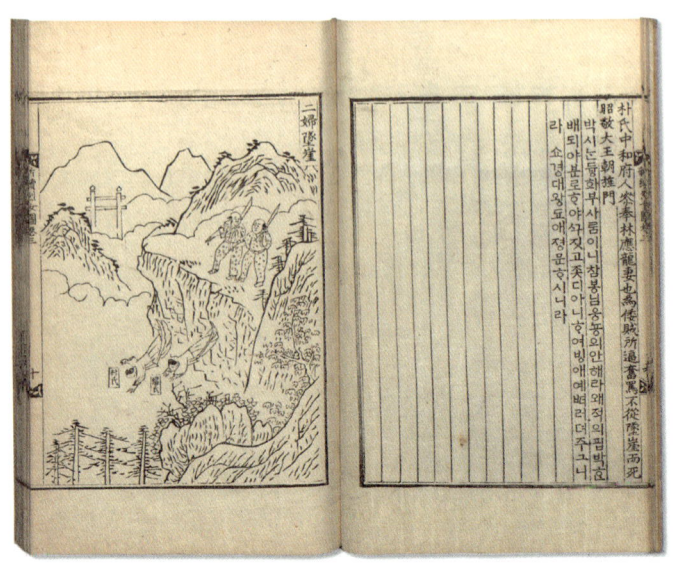

권공의 아내 박씨와 한영립의 아내인 권씨가 왜적을 만나자 절벽에서 몸을 던지는 모습.
〈이부추애〉, 《동국신속삼강행실도》, 열녀편

이 있으니 이혼시켜주기를 청한다"는 내용이었다. 이전에 호소문을 올렸던 남편 장유는 이미 세상을 떠난 뒤였다. 이번에도 대신들의 의견은 일단 신중했다. "섣불리 이혼을 허락하면, 부부 사이에 뜻이 맞지 않는 일이 있을 경우에 너도나도 이혼하겠다고 나설 것"이라는 우려가 제기되었다. 인조는 고육책을 내놓았다. "이혼을 인정할 수는 없지만, 장선징이 훈신勳臣의 독자임을 고려하여 특별히 그에게만 허락한다"는 내용이었다.

파장은 컸다. 대부분의 사대부 집안들은 청으로 끌려갔다가 돌아온 며느리들을 내치고 새로운 며느리를 맞아들였다. 집에서 내쫓긴 며느리들은 동구 밖 정자나무에 목을 매거나 강물에 몸을 던졌으며 더러는 청나라로 돌아가기도 했다. 남성 중심의 명분론이 지배하는 조선사회에서 환향녀들은 더이상 설 자리가 없었다. 조선판 '주홍글씨'인 셈이다.

끝나지 않은 비극

환향녀의 자살이 사회문제가 되자 조정은 해결책을 고심한다. 이에 인조는 최명길의 진언에 따라 궁여지책으로 전국 고을마다 강을 지정하고 그 강에서 몸을 씻으면 회절한 것으로 받아들이자고 했다. 더이상 '과거를 묻지 말라'는 것이다. 강원도는 소양강, 충청도는 금강, 황해도는 예성강, 평안도는 대동강, 한양과 경기 지역은 홍제천이 '정조를 되돌리는 강'으로 지정됐다. 오늘날 홍제동, 모래내 일대의 홍제천이 한때 '회절의 강'이라 불렸던 이유다.

하지만 이는 의례적인 미봉책에 불과했다. 서러운 여인들은 나라의 명을 받아 '회절의 강'에서 몸을 씻었지만, 도성 안으로 다시 들어갈 수 없었다. 돌아갈 곳이 없어진 수많은 환향녀들은 '회절의 강'에서 스스로 목을 맸다. 산 사람들은 성 밖에서 모여 살았다. 가족과의 인연도 끊겨 바느질품을 팔거나 몸을 팔아 모진 목숨을 이어갔다. 많은 이들이 구걸과 매춘으로 연명하다 굶어 죽고, 얼어 죽고, 맞아 죽어갔다.

비극은 대물림되기도 했다. 청에서 임신하고 돌아온 여인들이 낳은 자식들은 '호로자胡虜子'라고 불리며 손가락질받았다. '호로胡虜'는 북방 오랑캐인 흉노匈奴를 낮추어 가리키는 말. 따라서 '호로자식胡虜子息'은 오랑캐 자식을 뜻한다. 훗날 '호로'는 '호래' 또는 '후레'로 음이 변하여, '호래아들'이니 '후레자식'이니 하는 표현으로 굳어갔다. '배운 데 없이 막되게 자라 교양이나 버릇이 없는 사람'을 얕잡아 이를 때 이 말을 썼다. 열녀지상주의의 조선땅에서 환향녀와 호로자의 운명은 천민 그 이하였다.

전쟁과 여인들의 수난

환향녀는 중국에 바쳐져야 했던 '인간 진상품'이었다. 이 치욕스러운 역사는 5세기 초로 거슬러 올라간다. 고구려와 신라에서도 중국 북위에 여자를 보냈다는 기록이 있다. 전쟁에 지거나 속국이 되었을 때, 승리한 이들에게 보내는 아부용 물품 중 하나로 여자들이 있던 것이다. 이들은 '공녀貢女'라고 불렸다. 말 그대로 공물로 바쳐진 여자들이었다.

중국의 공녀 요구는 대륙에 새 권력이 들어서거나 내정이 불안할 때마다 고개를 들었다. 고려나 조선의 새로운 지배자는 대국의 승인이 급선무였기 때문에 공녀 진상은 조선시대까지 계속 이어졌다. 세종조차 공녀 진상이 "국내의 이해에만 관계되는 것이 아니라 외국에도 관계되는 것이니 조정의 신하들이 간하는 것과는 달리 다만 (중국 황제의) 영슈만 따를 뿐"이라고 했다.

역사를 보면 승리자는 전리품을 챙기기 위해 약탈을 일삼았고, 그 가운데 약자인 여인들은 승리자의 노리개가 되고 말았다. 귀향한 전쟁포로는 애국자로 칭송받았지만, 귀향한 여인들은 조롱과 멸시의 대상이 돼야 했다.

'조선 여성의 삶'에 대해 연구한 서울대 규장각의 이숙인 HK연구교수는 "공녀貢女와 환향녀還鄕女는 국가의 욕망과 남성의 욕망이 응축돼 있던 국제 역학관계에서 생겨난 부산물"이라고 지적한다. 공녀와 환향녀 같은 기구한 운명이 우리 역사 속에 그뿐이던가. 고려 때의 공녀 진상은 병자호란 때 청으로 끌려갔다 되돌아온 환향녀들의 역사로 이어진다. 전쟁 중 여성 수탈의 역사는 식민지 시기 일본군의 성노예로 끌려가 무참히 짓밟혔던 '일본군 위안부'로, 한국전쟁 이후에는 '양공주'라는 이름으로 계속된다. 일본군 위안부는 일제가 지휘감독했고 한국의 '양공주'는 기지촌 정화운동이라는 이름으로 대한민국 정부가 관리했다.

  우리 역사에서 전쟁의 역사는 이 땅의 여인들에게 또 다른 비극이요 수난사였다. 행실이 나쁜 여인은 '화냥년'이라고 함부로 욕했던 시대의 뒤안길에는 전쟁의 희생물이 되었던 여인들의 통곡이 담겨 있다.

참고서적

'몸'으로 본 한국여성사 국사편찬위원회, 2011
우리나라 여성들은 어떻게 살았을까 2 이배용, 청년사, 1999
정묘·병자호란기의 포로 송환 연구 강성문, 국방부, 2002
조선 사람의 세계여행 규장각한국학연구원, 글항아리, 2011
환향녀 노가원, 선영사, 2001

cogito
04 네 개의 단서

관의 모양

성화

유리병

그리고 또 하나의 단서

오늘도 우리는
어떤 사형수의 유해를 찾아나섰다

주어진 단서는 오직 네 개

관의 모양
앉은 채로 통관에 묻힌 다른 죄수들과 달리
특별한 배려로 준비된 침관寢棺

"주검을 특별히 감옥서에서 만든 침관에 넣었다."
－『통감부 문서 ○○○사형집행보고건』

성화聖畵
그가 천주교도였다는 것을 알려주는 증표

"복장은 어젯밤 늦게 고향에서 온 명주 한복이었는데
가슴에는 성화를 안고 있었다."
－ ○○○ 최후에 관한 통감부 통역 스노기 스에키의 기록

유리병
신원 확인을 위해 죄수의 이름을 적어
시신과 함께 묻은,
발견만 된다면 가장 확실한 단서

손가락
'대한독립' 한 마디의 말과 맞바꾼
절단된 왼손 약지 끝마디

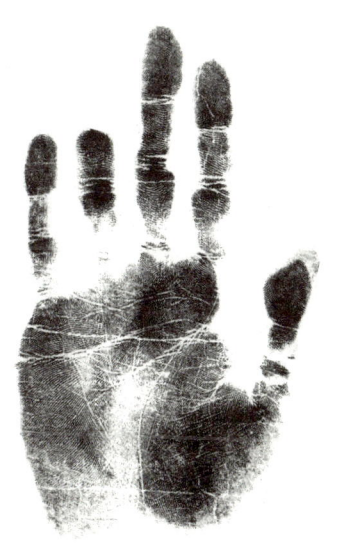

"내가 죽은 뒤에 뼈를 하얼빈 공원에
 묻어두었다가 우리의 국권이 회복되거든
 고국으로 옮겨다오."

그의 무덤이
항일운동의 성지가 될 것을 염려한 일제는
그의 유해를 유족에게 돌려주지 않았고
매장지에 관한 단 한 줄의 기록도 남기지 않았다

그로부터 102년이 지난
2012년

어렸을 적 그의 묘를 참배했다는
증인들이 지목한
뤼순감옥 옛 묘지 터에는
아파트가 들어서고 있고

안중근 의사가 태극기에 '대한독립'이라고 쓴 혈서

그의 유언은 아직도
이루지 못한 소원으로 남았다

안중근 安重根, 1879-1910

cogito 04

주인 없는 네번째 묘

서울 용산구 효창공원, 동쪽 동산에 오르면 '3의사義士 묘역'을 볼 수 있다. 이봉창, 윤봉길, 백정기. 80여 년 전 조국의 독립을 위해 목숨을 바친 독립운동가들을 모신 자리다. 그리고 세 개의 묘 옆에는 비석도 없는 또 하나의 묘, 진짜 묘가 아닌 가묘가 서 있다. 가묘의 주인공은 안중근 의사다. 해방 이후 중국에서 귀국한 백범 김구는 의사들의 유해를 찾아 이곳에 모셨다. 안중근 의사의 유해는 찾기 어려웠지만 백범은 곧 안치할 수 있을 거라 믿고 봉분을 미리 준비해 두었다. 유골 없는 빈 묘는 언젠가는 안중근 의사를 모시겠다, 모셔야 한다는 의지의 표현이었다. 하지만 뜻은 이뤄지지 않았다. 1949년 6월 백범은 안중근 의사보다 먼저 효창공원에 묻혔다.

용산 효창공원에 마련된 안중근 의사의 가묘

안중근 의사의 아버지와 친분이 있던 백범은 독립군으로 활약하던 시절 십대의 안중근을 만났다. 나이는 세 살 어렸지만 백범은 안중근을 흠모했다. 뜻이 높으면 존경의 예를 표하는 조선의 유교 전통이 살아 있던 시대의 일이다.

대범하고 호탕했던 천석꾼의 아들

안중근은 곡창지대로 유명한 황해도 해주에서 태어났다. 그가 태어나던 해 1879년은 강화도조약 이후 조선이 열강의 각축장이 되던 때였다. 개화파였던 아버지 안태훈은 당시 일본에 유학생으로 선발됐으나 갑신정변이 일어나면서 계획이 좌절되자, 마음을 접고 황해도 청계동에서 조용히 지내고자 결심한다. 이때 안중근의 나이 일곱 살이었다. 아명兒名인 응칠은 가슴과 배에 북두칠성처럼 점 일곱 개가 있다 해서 지은 이름인데, 훗날 안중근은 자신의 자서전 제목을 『안응칠 역사』라고 하여 이 이름을 썼다.

사춘기 시절, 안중근은 잘 놀고 주먹 잘 쓰는 호걸이었다. 스스로 말하기를 네 가지를 즐겼다고 했는데, 그 네 가지라는 것이 친구와 의리 맺기, 술 마시고 노래하고 춤추기, 총으로 사냥하기, 말을 타고 달리기였다. 천석꾼 대지주 집안의 맏아들인 그는 남부러울 것 없이 살았다.

집안에서는 기대가 많았지만 안중근은 글공부보다 사냥을 더 좋아했다. 아버지도 장남에게 굳이 글공부를 강요하지는 않았다. 청계동 산에 사냥하러 온 포수들을 따라다니며 사격술을 익힌 소년 중근은 열다섯 살이 되었을 때 이미 명사수로 이름을 날렸다. 이 무렵 안중근의 집에 머물고 있던 백범 김구는 옆에서 지켜본 소년 안중근의 모습을 『백범일지』에 이렇게 적고 있다.

"큰아들이 중근으로 그때 나이 열여섯이었는데 상투를 틀고 자주색 수건으로 머리를 동이고서 동방총(메고 다니기에 편리하도록 만든 장총의 일종)을 메고는 날마다 노인당과 신상동으로 사냥 다니는 것을 일로 삼았다. 사냥할 때도 나는 새, 달리는 짐승을 백발백중시키는 재주라는 것이다. 어떤 때는 하루에 노루·고라니를 여러 마리씩 잡아왔다. 그것을 가지고 군軍을 먹이는 것이었다."

여기에서 말하는 군은 아버지 안태훈이 이끌던 병사들이었다. 1894년 동학농민혁명이 일어나자 안태훈은 동학농민군을 제압하기 위해 직접 나선다. 아버지를 따라 안중근 또한 동학농민군을 진압하는 데 맹활약을 했다. 그는 동학농민군을 진압하는 일을 나라를 지키는 일로 생각했다.

이즈음 안중근은 프랑스 신부로부터 세례를 받은 뒤 가톨릭 신자가 됐고, 토마스라는 세례명을 받았다. '도마'라는 호는 세례명 '토마스'에서 온 것이다. 이후 그는 아버지와 함께 열성적으로 천주교 전도에 나섰는데 그 과정에서 교육에 관심을 가지고 훗날 대학을 세우기 위해 프랑스어도 공부했다. 동학농민군과의 싸움을 거치는 과정을 통해서는 개인만을 생각하던 사람에서 나라를 걱정하는 애국청년으로 변모해갔다. 이때부터 안중근은 조국의 미래를 걱정하며 마을의 청년들을 모아 무예를 단련시켰고, 신문과 잡지 등을 보면서 국제정세에 대한 안목을 넓혀갔다.

우리가 할 수 있는 것은 무장투쟁뿐, 몸으로 맞서라!

1904년, 조선을 호시탐탐 노리던 일제는 한반도의 패권을 놓고 러시아와 전쟁을 벌였다. 이듬해 1905년에는 을사늑약을 강제로 맺게 해 국권을 강탈했다.

이 소식을 듣고 비분강개한 스물일곱 살의 안중근은 상하이로 향했다. 국제적인 도시에 가서 정세를 보고 여론을 만들어내기 위해서였다. 그러나 이국땅에서 안중근은 예상치 못한 비보를 듣게 된다. 천주교에 대한 탄압이 거세지면서 화병을 얻은 아버지가 세상을 떠난 것이다.

아버지를 떠나보낸 뒤 그는 가족들과 재산을 정리해 평안도 진남포로 이사를 했다. 이전부터 마음에 두고 있던 교육운동을 펼치기 위해서였다. 교육운동가 안중근은 평안도에서 삼흥학교를, 황해도에서 돈의학교를 운영하면서 아이들을 가르쳤다. 학교 운영에 필요한 자금을 위해 석탄판매회사도 운영했다.

학교를 설립해 교육운동에 열중하던 1907년, 국채보상운동의 열기가 거세게 일어나자 안중근은 관서지방 지부장을 맡아 대열에 뛰어들었다. 그러나 일본의 방해로 국채보상운동은 실패로 끝나고 말았다. 나라는 더욱 기울어 1907년 7월 고종황제는 강제로 자리에서 내쫓겼고, 이어 군대까지 강제 해산됐다. 대한제국은 이제 이름만 남게 되었다.

안중근은 이제 나라를 구할 방법이 직접 몸으로 싸우는 무장투쟁뿐이라고 마음을 굳힌다. 강제 해산된 대한제국 군인들을 중심으로 전국에서 의병들이 대대적으로 봉기하던 그때, 스물아홉의 안중근은 러시아 블라디보스토크로 나가 의병활동을 시작했다. 본격적으로 무장 항일투쟁에 나선 것이다. 그의 직함은 대한국 의군 참모중장이었다.

바람 앞의 등불처럼 위태로운 조국을 구하기 위해 수백 명의 혈기 어린 젊은이들이 손을 들었다. 그렇게 모인 의병 300여 명을 이끌고 안중근은 국내진입작전을 개시했다. 1908년 6월의 일이다. 그의 부대는 게릴라전을 펼치며 함경도 쪽 국경을 넘어 일본군 수비대를 공격해 일제 소탕했다. 이때 남긴 유명한 일화가 있다.

기습작전으로 일본군을 제압한 뒤 포로를 잡아두었는데, 국제법상 전쟁 포로에 관한 규약을 엄수해야 한다며 안중근이 이들을 풀어주겠다고 한 것이다. 목숨이 오가는 전쟁에 난데없이 국제법을 들이대면서 눈앞에 잡힌 포로를 놓아주라 하니 의병들로서는 이해가 되지 않았다.

그 뒤 일본군 포로 석방은 그의 앞길을 가로막는다. 풀어준 일본군은 다시 총부리를 겨눠왔고, 의병들은 대장을 믿지 못하겠다면서 하나둘 안중근 곁을 떠났다. 의병의 재기는 쉽지 않았다. 사람도 없었다. 돈도 없었다. 하지만 그에게 좌절 또한 없었다.

1909년 새해, 안중근은 의병활동을 함께해온 동지 열한 명과 모였다. 이대로 물러설 수 없다는 각오로 열두 명은 왼손 무명지를 끊고 태극기 앞면에 '대한독립'이라는 네 글자를 써내려갔다. 한 목소리로 '대한독립만세'를 소리 높여 외쳤다. 그 유명한 단지동맹斷指同盟이다. 뼈를 끊고 살을 잘라 독립에 투신하겠다는 이 사나이들의 결단은 안중근을 뒤로 물러설 수 없게 만들었다.

피로써 구국의지를 다진 그해 가을, 안중근은 블라디보스토크에서 귀가 번쩍 뜨이는 소식을 접하게 된다. 침략의 원흉 이토 히로부미가 러시아 제국의 재무장관 코코프체프와 만주 하얼빈 역에서 만난다는 것이다. 당시 일본은 한반도 지배에 이어 대륙으로 진출하겠다는 야심을 품고 있었다. 안중근은 이토 히로부미를 처단할 계획을 세운다. 뜻을 같이하던 우덕순, 유동하, 조도선 세 동지와 함께였다.

드디어 1909년 10월 26일 오전 아홉시, 이토 히로부미를 실은 특별열차가 하얼빈 역에 도착하였다. 회담을 마치고 일행이 곧 플랫폼에 모습을 드러냈다. 그러나 안중근은 이토 히로부미의 얼굴을 한 번도 본 적이 없었다. 이때의 상황을 안중근은 훗날 자서전에서 다음과 같이 기록하고 있다.

　　"군대가 늘어서 있는 뒤를 보니, 러시아 관리들이 호위하고 오는 중에 그 맨 앞에 누런 얼굴에 흰 수염을 가진 일개 조그마한 늙은이가 이처럼 염치없이 감히 천지 사이를 횡행하고 다니는 것이 필시 이등(이토 히로부미) 노적老賊일 것이다. 곧 단총(권총)을 빼어 들고 그 오른쪽을 향해서 쏘았다."

　　세 발이 정확하게 원수의 복부에 명중했고 그와 동시에 노적은 쓰러졌다. 안중근은 러시아군에게 잡혔다. 이때 그는 태연히 외쳤다. "코레아 우라" 러시아말로 "대한국 만세!"라는 뜻이었다.

나는 한국의 의병중장으로서 이등을 주살했다

　　며칠 뒤 그는 중국 랴오닝성 다롄시 뤼순에 있는 일본 감옥으로 이송되었다. 이후 안중근에 대한 심문과 재판은 일제의 일방적인 절차에 의하여 일사천리로 진행되었다. 다음은 재판에서 그가 진술한 내용이다.

　　"내가 이등(이등박문)을 죽인 것은 이등이 있으면 동양의 평화를 어지럽게 하고 한·일 간을 소격시키므로 한국의 의병중장의 자격으로 주살하였던 것이다. (…) 나는 한국 의병의 참모이며 지금 적군의

뤼순감옥에서 유언을 남기는 안중근 의사

포로가 되어 와 있으므로 마땅히 나에게는 어느 나라 법이 아니고 포로에 관한 만국공법을 적용해야 마땅하다."

그는 일제 측이 자신에게 붙이는 '암살자'라는 말을 부정했다. 한국의병 참모중장의 자격으로 침략자에 대해 항거한 것이며, 따라서 자신은 범죄자가 아닌 교전 중의 포로로서 처리되어야 한다고 강력히 주장했다. 또한 동양평화라는 국제적 대의를 힘주어 말했다. 훗날 일본이 중국 침략과 태평양전쟁을 일으킨 것을 생각해보면 안중근의 주장은 정확했다.

하지만 일제는 그의 항변을 묵살했다. 일주일 동안 형식적으로 여섯 번의 공판이 열렸고, 1910년 2월 14일 일본형법 32조의 일반살인죄로 사형선고가 내려졌다. 함께 있던 동지 우덕순은 징역 3년, 조도선과 유동하는 징역 1년 6개월 형이었다. 재판 끝에 사형을 언도받은 아들에게 어머니는 다음과 같은 편지를 보낸다.

"네가 만약 이 늙은 어미보다 먼저 죽는 것을 불효라고 생각한다면 이 어미는 웃음거리가 될 것이다. 너의 죽음은 너의 한 사람 것이 아니라 한국인 전체의 공분을 짊어지고 있는 것이다. 네가 항소한다면 그것은 일제에 목숨을 구걸하는 것이다. 네가 나라를 위해 이에 이른즉 딴 마음 먹지 말고 죽으라."

그날 이후 안중근은 감옥에 앉아 가족과 친지들에게 일곱 통의 유서를 남겼다. 동포들에게도 할 말을 잊지 않았다.

"내가 한국 독립을 회복하고 동양평화를 유지하기 위하여, 3년 동안을 해외에서 풍찬노숙하다가 마침내 그 목적을 달성하지 못하고 이곳에서 죽노니, 우리들 2천만 형제자매는 각각 스스로 분발하여 학문을 힘쓰고 실업을 진흥하며 나의 끼친 뜻을 이어 자유·독립을 회복하면 죽어서도 여한이 없겠노라."

그는 석 달 동안 뤼순감옥에서 『안응칠 역사』라고 적은 자서전과

안중근 의사가 1910년 3월 옥중에서 쓴 「동양평화론」

『동양평화론』을 집필했다. 언제 사형집행이 될지 모르는 상황에서 의연하게 자기의 생각을 정리해나가기 시작했다.

　1910년 3월 26일 오전 10시 4분 교수형이 집행되었다. 10시 15분 의사는 그의 죽음을 확인했다. 그의 나이 서른한 살이었다. 뤼순감옥을 관할하던 일제의 관동도독부는 안중근의 사형집행을 다음과 같이 기록하고 있다.

　"'10시 20분 안安의 사체는 감옥서監獄署에서 만든 침관(시신을 눕힐 수 있는 관)에 넣어 하얀 천을 덮어 교회당으로 운구하였다. 공범자인 우덕순, 조도선, 유동하 세 명을 끌어내어 예배를 드리게 하고, 오후 1시 감옥서의 묘지에 매장하였다. 이날 안중근의 복장은 어젯밤 늦게 고향에서 온 명주로, 한복 저고리는 흰색, 바지는 흑색을 입고 가슴에 십자가를 달았다. 매우 침착한 태도로 안색이나 말도 평상시와 조금도 다름없이 끝까지 떳떳하게 죽음에 이르렀다."

1910년 3월 26일, 그날의 미스터리

일본 외무성 외교사료관이 소장하고 있는 안중근의 사형집행보고서는 1910년 3월 26일의 일을 "오후 1시 감옥서의 묘지에 매장하였다"고 적고 있다. 하지만 그 '감옥서의 묘지'가 어딘지는 아직까지 밝혀지지 않고 있다. 사형수의 마지막을 세세히 적었고 객관적으로 서술하고 있지만 이 보고서에는 모든 사실이 기록돼 있지는 않다. 시신이 예배당을 떠난 이후 매장되기까지의 2시간 40분간이 보이지 않는다. 보고서에서 사라진 2시간 40분의 진실은 무엇일까?

　정부는 1993년부터 일본 정부에 안중근의 유해를 매장한 곳에 대해 자료를 요청했지만 답변은 언제나 "요청이 있으면 자료협조를 검토하겠다"는 원론적인 대답뿐이다.

중국과의 수교가 재개된 이후에는 안중근 의사의 유해 매장 추정지에 대한 현지조사도 이뤄졌다. 2004년 국가보훈처장이 중국 측에 안 의사 유해발굴 협조를 요청했고, 이듬해인 2005년부터 2년 동안 남북은 공동으로 조사단을 꾸려 유력한 장소 네 군데를 조사했다. 사형집행일에 감옥 뒷산에서 사람들이 삽질하는 것을 보았다는 뤼순감옥 간수 딸의 증언과 사진, 당시 지도, 사형보고서 기록 등을 토대로 짜깁기해보니 뤼순감옥 뒷산이 유력 장소로 지목됐다.

2008년에는 남북관계가 악화되면서 북측을 제외한 한국과 중국 양국이 발굴단을 구성하고 조사에 들어갔다. 그러나 아파트 공사를 위해 공동묘지는 파헤쳐지고 있었다. 아파트 공사를 중지해달라 요청하고 발굴작업에 착수했지만 별다른 성과는 없었다.

2009년에는 뤼순감옥에서 처형당한 우당 이회영 선생의 손자 이국성 씨가 "열세 살 때 아버지와 함께 안 의사 묘역에 가본 적이 있다"면서 기존의 매장 추정지에서 서북쪽으로 400미터가량 떨어져 있다는 새로운 주장을 폈지만, 아직 국가 차원의 유해 발굴 움직임은 없는 상황이다. 그렇게 100년 세월은 훌쩍 지나가버렸다.

안중근 의사가 순국한 지 100주년이 되던 2010년, 안중근 의사를 소재로 한 연극과 뮤지컬, 다큐멘터리들이 연이어 나왔다. 2010년은 대한제국의 국권을 빼앗긴 경술국치 100주년이기도 했다.

그해 하토야마 일본 총리는 취임공약으로 동북아공동체를 내세웠다. 100년 전 안 의사가 제창한 '동양평화론'의 뿌리에 닿아 있는 구상이었다.

서른 살의 청년 안중근에 대한 재평가 작업은 나라 안팎에서 이어지고 있다. 옥중에서 남긴 미완의 저서 『동양평화론』에서 그는 이미 100년 전에 지금의 유럽연합과 같은 한·중·일간 '연합화평회의'를 조직하자고 주장했다. 국제분쟁지역인 여순항을 중립화하고, 공동화폐를 발행하며, 공동평화유지군을 창설하자고 제안했다. 그는 시대를 앞서간 선구적인 사상가였다. 안 의사가 동양평화론을 주창한 지 100년이 넘는 지금, 동아시아는 다시 한 번 지역적 협력과 평화 공존을 고민하고 있다.

서른한 해 짧은 삶을 살았지만 안중근은 한순간도 멈춰 있지 않았다. 교육운동가에서 의병으로, 또 사상가로 움직이고 행동했다. 중국 건국의 아버지 쑨원은 "조선 반도와 중화를 통틀어 안중근으로부터 진정한 항일운동이 시작되었다"면서 그에 대한 깊은 존경심을 드러낸 바 있다.

안중근이란 존재는 많은 사람을 감동시켰다. 적에게 붙잡힌 사형수였지만 늘 의연하고 떳떳했다. 일제 관료들마저 머리를 조아리게 만들었다. 지바 도시치라는 일본인 간수는 안중근 의사를 흠모해 기일이 되면 제사를 올렸다. 일제가 다른 사형수들과 달리 안중근에게만은 시신을 눕힐 수 있는 침관을 허락한 것은 침략자인 일제가 표현할 수 있던 최선의 예우였을 것이다.

안 의사는 100년 전 오늘, 사형을 당하기 직전 남길 말이 없느냐는 일본인 형무소장의 물음에 "아무것도 남길 유언은 없으나 다만 내가 한 일이 동양평화를 위해 한 것이므로 한·일 양국인이 서로 일치 협력해서 동양평화의 유지를 도모하길 바란다"고 말했다. 한국과 일본이 힘을 합쳐 동양평화를 정착시킬 수 있을까?

현재 안중근 의사의 유해가 묻혀 있다고 추정되었던 지역에는 아파트가 들어섰고, 뤼순감옥은 박물관으로 바뀌었다.

젊은 청년 안중근은 의병활동을 할 때 대원들을 격려하면서 늘 이 말을 강조했다고 한다.

"우리들이 단 한 번으로 성공하지 못할 것은 분명한 일이다. 그러므로 첫 번에 성공하지 못하면 두 번, 세 번, 열 번에 이르고, 백 번을 꺾여도 굴함이 없이, 올해 안 되면 또 내년에 해보고 그것이 십 년, 백 년까지 가도 좋다."

참고서적

안중근 평전 황재문, 한겨레출판, 2011

cogito

05 조선의 이방인, 백정

성 안에서 살 수 없다!
성 밖 언저리도 안 된다!
마을 저 멀리 외딴곳에 살라!

어린아이 앞에서도
머리를 숙이고

결혼할 때
가마도 안 돼!

죽어서
상여도 안 돼!

금기를 어기면 집단처벌도 가능하다

노비 괴대 시생 공장
무당 승려 상여꾼 백정

조선의 여덟 천민 가운데서도
이런 차별은 없었다

〈줄타기〉

12세기
송나라 사신 서긍의 고려 체험

"… 불교를 좋아하여 살생을 경계했다.
… 도살하는 방법도 능숙하지 않았다."
- 『고려도경』

"고려 사람들이 요리한 고기는
먹을 수 없을 지경이다."

얼마 후 조선에는
소, 돼지를 잡는 전문 도축업자가 생겨난다

고려시대
전쟁에서 끌려온
여진족, 거란족 포로나 귀화인들은
유목민의 후예답게 날쌔고 용맹하며
가축 손질에 능숙했다

이들은 조선 초기
'백성'이라는 뜻의 '백정'으로 불리며
정착생활을 시작한다

그러나

"크고 작은 도적의 태반이 백정으로
다른 군郡으로 왕래를 금지시켜야…"

"나라에 흉년이 드는 것은
함부로 잡은 소의 원한이 쌓여
천지의 화기가 손상된 탓이옵니다."

결국

"백정은
몰래 소와 말을 잡는 주범이니
항상 단속하라!"

허락 없이 가축을 도살하면
장형 100대 유형 3천 리
몸에 먹을 새기는 형벌 적용

앞에서는 단속하고 뒤에서는 찾는 양반
주는 것 없이 미워했던 백성들의 냉대

《성협풍속화첩》 중 〈고기굽기〉

"과거를 회상하면 종일토록 통곡하여도
혈루를 금할 길 없다."

– 「백정도 사람이다」 형평운동 발기문, 1923

조선 형평사 포스터

백정들이 저울에다 자신들의 '인권'을 올려놓은 것은
일제강점기 중반에 들어서였다

cogito 05

시대의 흐름에 따라 변화한 '백정'의 의미

우리 역사에서 백정이라는 말이 처음 등장하는 것은 고려시대였다. 당시 백정은 우리가 지금 생각하는 소나 돼지를 잡는 사람이 아니었다. 원래 백정은 농민을 가리키는 말이었다. 중국 남북조와 수나라에서 관직이 없는 평민, 백성을 일컫던 말이 고려로 전해져 그대로 쓰였던 것이다. 백정은 그야말로 손에 아무것도 쥔 것 없이 그저 농사짓는 보통 백성을 뜻했다.

고려에서 소나 돼지를 잡는 사람은 '화척' 또는 '양수척'이라고 불렸다. 가죽으로 신을 만드는 사람이나, 악기를 연주하거나 노래 등의 재주를 보여주는 재인才人, 버드나무 가지로 바구니를 엮는 사람, 사형집행인인 망나니 등 다양한 직업군을 아우르는 개념이었다.

이들은 주로 한반도로 흘러들어온 북방의 유목민들이었다. 고려 때 수차례 벌어진 거란족과의 전투에서 잡힌 포로들도 있었고, 여진족이나 몽골인의 후예인 타르타르족들도 남쪽으로 이주해 자리를 잡았다. 정착했다고는 하지만 타고나기를 말이나 양, 소를 이끌고 초원을 떠돌아다니는 일에 익숙했던 유목민들에게 농사짓는 일은 체질에 맞지 않았다.

"양수척은 멀리는 500~600년 전에도 있었고 가까이도 몇 백 년 아래로 있었는데, 거문고 타며 노래하는 풍습과 도살하는 일을 고치지 못하고 있습니다."

– 『예종실록』 예종 1년(1469) 6월 29일

조선의 이방인, 백정

유랑자들이 생계를 위해 선택할 수 있는 것은 손에 익은 일들이었다. 북방 유목민들은 악기 연주를 들려주고 돈을 받거나, 손재주를 발휘해 바구니를 만들어 팔아 생계를 유지했다. 소나 돼지 등 가축을 잡아주고 그 대가로 받은 내장이나 가죽을 다시 되파는 일도 했다. 당시 고려인들은 주로 채식을 했기 때문에 도축에 능숙하지 못했다. 도축은 화척들이 전문적인 역량을 발휘할 수 있는 분야였다.

조정은 방랑자처럼 떠도는 이들을 위한 여러 노력을 기울였는데 그중 하나가 이들에게 이전과 다른 명칭을 주는 것이었다.

"재인과 화척은 본시 양인良人(보통 백성)으로서 업이 천하고 칭호가 특수하여 백성들이 다 다른 종류의 사람으로 보고 그와 혼인하기를 부끄러워하니 진실로 불쌍하고 민망합니다. 비옵건대 칭호를 백정이라고 고쳐서 평민과 서로 혼인하고 섞여서 살게 하며, 그 호구를 적에 올리고 경작하지 않는 밭과 묵은 땅을 많이 점령한 사람의 밭을 나누어 주어서 농사를 본업으로 하게 하고…"

— 『세종실록』 세종 5년(1442) 10월 8일

화척이나 재인 같은 호칭을 일반 백성을 뜻했던 '백정'으로 합쳐 부르게 한 것이다. 생김새와 사는 모습은 조금 다르다고 할지라도 이들도 조선 백성이니 차별하지 말고 살자는 것이다. 농민의 수를 늘려 나라를 안정시키고 세금을 걷어 나라의 재정을 튼튼히 하려는 국가 전략과 맞물려 있기도 했다.

하지만 임금의 명도 효과가 없었다. 일반 백성들은 별스럽게 생긴 이들을 같은 백성으로 묶으려는 국가정책에 의외의 방식으로 반기를 들었다. 이들을 새로운 백정, 즉 '신백정'이라고 부른 것이다. 뜻은 '새로운 백성'이었지만 모욕적인 호칭인 셈이다. 조선사회에서 신백정이란 용어는 어느새 다시 백정으로 변했고, 이는 오늘날 우리가 알고 있는 '도살업을 하는 무리'로 의미가 변했다. 북방 유목민들을 천민집단으로 따돌렸던 것이다.

고기는 좋은데 백정은 싫어

조선시대에도 고기를 좋아하는 '육식남'이 있었다. 당시 이들은 '육식자肉食者'라고 불렸는데, 끼니 때마다 고기반찬을 찾는 이들은 바로 지체 높으신 양반들이었다. 고려에서 조선으로 넘어가며 일어난 커다란 변화 중 하나는 식생활이었다. 불교국가였기에 살생을 꺼렸던 고려와 달리 조선에서는 육식에 대한 거부감이 적었다. 국가 제사에도 동물을 제물로 바쳤다. 육식 문화는 고려말 원나라의 지배를 받으면서 고려 지배층 사이에 퍼져나갔는데, 유교를 통치이념으로 삼은 조선이 들어서자 쇠고기에 대한 열풍으로 이어졌다. 물론 대다수 농민들에게 고기반찬은 언감생심이었다. 하지만 양반들은 고기에 점차 맛을 들여갔다.

결국 지도층의 탐식에 제동을 걸기 위해 태조는 황급히 "소와 말을 사사로이 도살하는 것은 마땅히 금지령이 있어야 한다"면서 소 도살을 금지하는 '우금령'을 내렸다. 소를 도축하는 백정들을 도성 멀리 내쫓았고, 도살자를 고발하면 범인의 재산을 몰수해 상으로 내렸다. 물론 소를 사고팔 수 있는 합법적인 경로도 마련해두었다. 병들거나 늙어 죽은 소의 경우는 한성부에서 세금을 매긴 뒤 매매를 허락했고, 지방의 경우에는 관청의 허가를 받은 뒤에야 소를 사고팔 수 있었다. 관청이나 궁궐에는 '거골장'이라고 하는 전문 도축업자가 근무하며 주로 소 도살을 맡았다. 하지만 합법적 경로보다는 법의 망을 은밀히 빠져나가 소를 잡는 일이 갈수록 성행했다. 급기야 세종은 소를 몰래 도살하는 것을 감시하는 '금살도감禁殺都監'까지 설치하기에 이르렀다.

조선 후기 양반들의 난로회 풍경을 그린 풍속화 〈야연〉

"먹는 것은 백성의 근본이 되고, 곡식은 소의 힘으로 나오므로, 본조本朝에서는 금살도감을 설치하였고, 중국에서는 쇠고기의 판매를 금지하는 법령이 있으니, 이는 농사를 중히 여기고 민생을 후하게 하려는 것이다."

— 『세종실록』 세종 7년(1425) 2월 4일

조선은 농업사회였고 농사는 대부분 소의 힘으로 이루어졌다. 농사를 위해 소를 함부로 잡는 것은 막아야 했다. 이유는 그뿐만이 아니었다. 소를 잡아먹으면 소의 원한이 사무친다고 생각했다. 조선 후기의 문신 송시열은 중국 송나라 유학자 정자의 말을 인용하면서 이렇게 말한다.

"농사가 흉년이 드는 것은 소를 잡는 데에서 이루어진다. 사람들이 소의 힘으로 농사를 지어 먹고 살면서도 소를 도살해 먹기 때문에 소의 원한이 천지의 화기和氣를 손상시키고, 이것이 자연의 운행 질서를 깨뜨려 비가 내리지 않는다."

— 『숙종실록』 숙종 9년(1683) 1월 28일

이와 별개로 사대부들은 고기 맛을 잊지 못했다. 나라에서는 백성들에게는 함부로 쇠고기를 먹지 말라고 했지만, 양반들에게는 어디까지나 남들 얘기였다. 오늘날로 치면 '삼겹살 데이' 같은 날도 따로 정해둘 정도였다. 우리나라의 세시풍속을 기록한 19세기 문헌 『동국세시기』에는 "음력 10월 초하룻날, 화로 안에 숯을 시뻘겋게 피워 석쇠를 올려놓고 쇠고기를 기름장, 달걀, 파, 마늘, 산초가루에 양념해 구워 먹는 날을 정했다"고 적고 있다. 이름 하여 '난로회煖爐會'다.

당시 쇠고기 소비는 어느 정도였을까? 18세기 실학자 박제가는 『북학의』에 "통계를 내보면, 우리나라에서는 날마다 소 500마리를 도살하고 있다. 국가의 제사나 호궤(군사들에게 음식을 베풀어 위로함)에 쓰기 위해 도살하고, 성균관과 한양 5부 안의 24개 푸줏간, 300여 고을의 관아에서는 빠짐없이 소를 파는 고깃간을 열고 있다"고 적고 있다. 하루에 전국적으로 수백 마리의 소를 잡을 만큼 당시 쇠고기 수요는 급증했다. 쇠고기는 뇌물로도 인기가 있었다.

쇠고기를 향한 사대부의 애정은 갈수록 달아올랐다. 그러나 역설적이게도 소를 잡아주는 이들은 갈수록 찬밥 신세였다. 가죽신이 인기를 끌면서 가죽을 다룰 수 있는 백정들의 존재감은 급부상했지만, 백정 자신은 가죽신을 신지 못하도록 차별받았다.

조정은 백정을 외딴곳에 모아놓고 평민과 결혼시키는 정책을 펼쳤다. 이를 어기고 자기들끼리 결혼할 경우 이혼시키기도 했다. 백정들은 통행증 없이 다른 지역으로 이동할 수 없었고, 허락 없이 소나 말을 도살하는 경우 곤장 100대, 몸에 먹물을 넣는 중한 벌을 받아야 했다.

조선시대는 법적으로는 양민과 천민, 양천제로 구분된 사회였지만 실제로는 양반과 중인, 평민과 천민 이렇게 네 개의 계급으로 구성돼 있었다. 천민은 법적으로 노비뿐이었다. 백정은 신분상 노비는 아니었지만 노비보다 더 멸시를 받았다. 어린아이에게도 머리를 조아려야 했고 평민들 앞에서는 담배를 피우거나 술을 마실 수 없었다. 남자는 검은 갓을 쓰지 못하고, 여자는 비녀를 꽂지 못하는 등 복장에서도 차별받았다. 길에 다닐 때는 백정이란 표시로 대나무 패랭이를 써야 했다. 훗날 동학농민혁명에서 백정들은 패랭이를 쓰는 일을 없애달라고 요구하기도 했다.

세종은 백정의 자제들을 향교에 입학시켜 교육받을 수 있는 길도 열어주도록 했다. 하지만 백정들에게 신분상승의 기회는 주어지지 않았다. 여전히 백정은 북방 오랑캐의 후손, 별종이었다.

백정은 다양한 형태로 생계를 이어갔지만 생계에 어려움을 겪으면

좌판에 소 머리를 올려둔 서울의 푸줏긴 모습

서 도적이 되기도 했다. 대표적인 예가 조선의 의적으로 유명한 임꺽정이다. 황해도 갈대숲 주변에 살면서 갈대로 삿갓을 만들어 팔던 백정 임꺽정이 도적의 길로 나선 데에는 이유가 있었다. 권문세가들 사이에서 일어난 간척지 개발 붐으로 생계수단인 갈대밭을 빼앗겼기 때문이다. 임꺽정은 모든 것을 수탈당하고 바닥까지 내몰린 약자들이 표출하고 싶던 분노를 담아낸 하나의 상징적 인물이었다.

백정이 신분상 해방된 것은 1894년 갑오개혁에 이르러서였다. 제도상으로는 신분적 평등권을 얻었지만 백정들을 보는 차가운 시선은 여전했다. 차별 철폐를 위해 백정들이 자신들만의 결사대를 조직한 것은 타 지역에 비해 백정들에 대한 멸시가 극심했던 영남지역에서 시작됐다. 1923년 5월, 경상도 진주에서 백정 이학찬은 '형평운동'에 불을 붙였다. 당시 그들이 읽었던 형평운동 발기문에는 오랜 울분과 분노가 눈물로 얼룩져 있었다.

"과거를 회상하면 종일토록 통곡하여도 혈루血淚를 금할 길이 없다. 여기에 지위와 조건 문제 등을 제기할 여유도 없이 일전의 압박을 절규하는 것이 오등吾等의 실정이다. 이 문제를 선결하는 것이 아我 등의 급무라고 설정하는 것은 적확한 것이다. 비卑하고 빈貧하고 천賤하고 굴屈한 자는 누구였던가?"

참고서적

백정과 기생 : 조선천민사의 두 얼굴 박종성, 서울대학교출판부, 2003
조선팔천 이상각, 서해문집, 2011
조선시대 조선사람들 이영화, 가람기획, 1998
우리 안의 그들 역사의 이방인들 이희근, 너머북스, 2008

cogito

06 조선의 시간

해가 빛을 잃었다

삼국시대 67회
고려시대 132회
조선시대 190회

왕을 상징하는 해
해가 빛을 잃음은
하늘이 왕에게 보내는 경고라고 여겼던 시대

해가 다시 나타날 때까지
소복을 입고 기다려야 했던
왕과 신하들

왕은
일식 예보에 늘 민감했다

"일식을 예보하며 1각을 틀려
이천봉에게 곤장을 쳤다."

–『세종실록』세종 4년(1422) 1월 1일

* 1각 = 14분 24초

그날 이후
세종의 궁금증

왜 예보가 틀릴까?

삼국시대부터
중국의 달력을 받아 사용했던 조선
중국의 시간을 받아 사용했던 조선

북경과 한양의 위치가 다르니
일식이 발생하는 시간도 다를 터

조선의 시간을 찾아라!

영의정에서부터
노비 출신 기술자까지 모인
국가 최고 프로젝트팀

이론과 원리 담당
세종 정인지 정초

수학적 기반
이순지 김담

현장 지휘
이천

기계 제작 담당
장영실

정교한 천체관측기기
혼의渾儀와 혼천의渾天儀의 발명을 시작으로
천문관측 담당 20명에서 60명으로 확대
중국과 아라비아 달력 집중분석

고려시대에서 조선시대까지 천문학, 지리학, 책력, 측후 등의 업무를 맡아보던 관청인 서운관(書雲觀)을 그린 〈서운관도〉

20년간의 노력 끝에
한양을 기준으로
해가 뜨고 지는 시간까지 찾아낸
달력 완성

그로부터
3년 후

조선 달력에 맞춰 계산한
일식 날짜

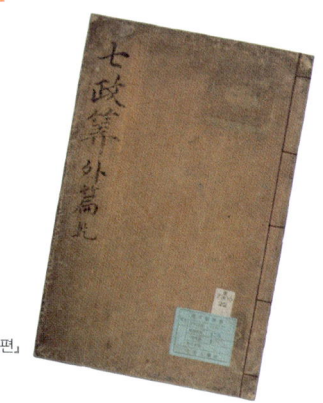

「칠정산외편」

"음력 8월 1일
신정 3각 50초(오후 4시 50분 27초)에
일식이 일어날 예정."
- 『칠정산외편정묘년교식가령』

과연 맞을까?

그리고
예보된 시간에 일어난
1447년 그날의 일식

아라비아와 중국에 이어
일식을 예측한 세 번째 나라
조선

나라 시간이 중국과 달라
조선의 시간을 찾아낸
2년 후

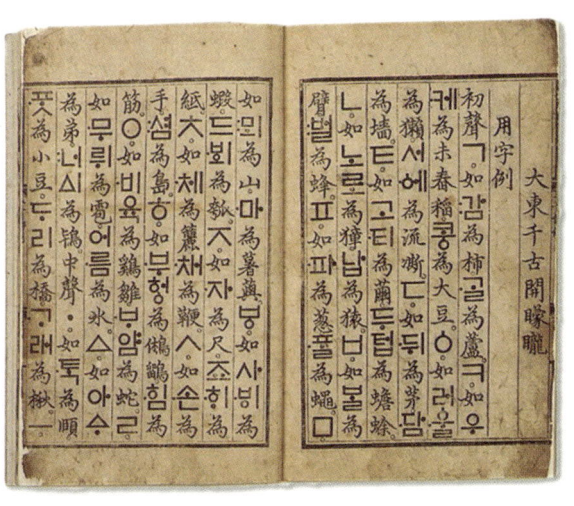

"나라 말씀이 중국과 달라…"
-『훈민정음 해례본』

독자적인 우리 문자 '한글'을 반포했다

cogito 06

시간을 갖는 자가 권력을 갖는다

만 원짜리 지폐의 주인공은 세종대왕이다. 세종대왕 초상의 배경과 지폐 뒷면의 도안을 살펴본 적이 있는가? 세종대왕 초상의 배경으로는 〈일월오봉도〉가 들어가 있다. 해와 달은 하늘을 나타내고, 다섯 봉우리의 산과 바다는 땅을 대표한다. 음양오행 사상으로 우주의 세계를 표현한 것이다. 그 위에는 "뿌리 깊은 나무는 바람에 아니 흔들릴 새"로 시작하는 『용비어천가』의 한 구절이 보인다. 뒷면을 펼치면 별자리 지도인 〈천상열차분야지도〉와 천체의 운행과 위치를 측정하는 '혼천의'가 있다. 세종대왕의 탁월한 업적 중 하나인 과학의 발전으로 후손인 우리는 지폐 한 장에 우주를 담게 되었다.

많은 사람들이 세종대왕 하면 가장 먼저 우리 글자, '훈민정음'을 떠올린다. 그러나 이에 못지않은 큰 업적이 있으니 바로 우리의 시간을 만든 것이다. 세종대왕은 우주를 관측하는 기구를 만들어 우주의 운행을 연구해 중국과 다른 조선의 시간, 조선의 달력을 새롭게 만들었다.

오늘날 달력은 누구나 가질 수 있지만 오랜 옛날 달력을 갖는다는 것은 곧 권력을 가졌음을 뜻했다. 중국에서는 예로부터 나라를 세우면 달력을 만들어 백성들에게 나눠 주었다. 달력은 군주가 "나는

조선의 시간

천자天子다. 나만이 하늘의 시간을 읽을 수 있다"고 널리 알리는 최고의 홍보수단이었다. 왕조시대에 왕들이 '연호年號'를 쓴 것도 자신의 존재감을 드러내기 위해서였다. 그것은 자신을 출발점으로 새로운 시간이 시작된다는 권력의지의 표현이었다.

달력을 나누어주는 것은 임금의 의무였다. 하늘의 이치를 살펴 백성들에게 농사에 적절한 시기를 제대로 알려주는 일은 왕이 해야 할 가장 중요한 일이었다.

조선의 왕들도 달력을 통해 백성들에게 농사를 지으며 해야 할 일들의 때를 시기마다 알렸다. 하지만 문제가 많았다. 제대로 된 조선의 달력이 아닌 탓이었다. 우리는 삼국시대부터 중국에서 달력을 받아다 썼는데 우리 환경에 맞춰서 쓰려 해도 중국이 준 시간표로는 틈이 생겼다. 그 이유를 알고 싶어 고려시대 이후 많은 학자들이 중국에 가서 당시의 역법을 배워오려고 시도했지만 중국은 정보를 독점하고 함부로 내주지 않았다.

사실 중국에서 만들어진 역법 자체도 완전하지 못했다. 중국인들도 정확한 중국의 시간을 갖지 못했다. 당시 중국인들에게 천문학, 역법을 알려준 이들은 아라비아인들이었다. 사막이 많아 별을 등대와 나침반 삼아 다니던 아라비아인들은 '회회력回回曆'을 만들었고, 중국은 이를 중국의 시간에 맞추려 노력했지만 한계가 있었다. 게다가 중국은 역법에 대한 정보를 나누고 정확한 시간을 찾아 수정할 뜻이 없었다. 시간을 아는 것은 곧 권력이었기 때문이다.

그러던 어느 날이었다. 세종은 개기일식이 예고된 그날 밤, 중요한 행사를 앞두고 있었다. 일식은 달이 해의 일부나 전부를 가리는 자연현상이지만, 조선 사람들은 일식을 하늘의 경고라고 보았다. 그래서 그것을 그치게 하려고 구식례求食禮를 행하려 했지만 시간은 맞지 않았다. 1각刻, 오늘날의 시간으로 15분가량이 어긋났다. 세종대왕은 어둠에 잠기는 해를 보며 한탄했다. "내 나라 하늘이 돌아가는 것도 모르면서 내 어찌 왕이라고 할 수 있겠나." 일식 시간을 제대로 맞추지 못한 것이 예보관의 잘못이 아니라고 생각한 세종은 천문기구와 시계를 만들도록 명했다.

다른 왕들은 그냥 지나쳤을 15분의 차이에 대해 세종은 계속 질문을 던졌다. 그리고 곧 '오차 줄이기 프로젝트'에 나선다. 조선만의 달력을 만드는 대장정이 시작된 것이다.

사실 위도와 경도가 다른 한양과 북경 사이에 시간차가 생기는 것은 너무나도 당연했다. 조선만의 표준달력을 제작하겠다는 것은 곧 중국이 그동안 독점해온 역법에 반기를 들겠다는 뜻이다. 이른바 '시간의 자주화'에 나선 것이다.

조선만의 달력을 만드는 일은 결코 만만치 않았다. 먼저 천체를 관측할 수준급의 도구가 있어야 했고, 관측한 수치를 바탕으로 정확하게 계산할 수 있는 과학자들이 있어야 가능한 일이었다. 정인지에게 자신의 구상을 제안한 세종은 자신이 총괄 지휘를 맡기로 하고, 곧 프로젝트를 끌고 갈 '드림팀'을 구성했다. 먼저 천문의기를 만드는 일부터 시작했다. 관측기기 감독자로 이천, 이론적 뒷받침을 할 사람으로 이순지, 기기 제작 개발에는 장영실을 투입했다.

프로젝트는 장영실을 중국에 유학 보내는 일에서부터 물꼬를 텄다. 천문학자와 동행시켜 각종 천문 서적을 구해오도록 했고, 천문 관측기기의 제작원리를 공부하도록 특명을 내렸다. 경복궁에 '대간의大簡儀'라는 천문대를 건설했고, 왕실과학관인 '흠경각欽敬閣'을 세워 연구개발을 적극 지원했다. 세종의 숙소(강녕전) 옆에 흠경각을 세운 것만 봐도 왕이 얼마나 이 분야에 관심을 갖고 있었는지를 짐작

할 수 있다.

관측 다음에는 천문학 계산능력이 뒤따라야 했다. 세종은 자신이 손수 수학공부를 하면서 수학을 장려했다. 당시 수학자들은 기술을 세습해온 수준이어서 계산은 잘하지만 수학적 원리에 대한 이해가 없었다. 당시 세종은 최고의 과학자 이순지, 김담을 불러 우리에게 맞는 일력(양력)과 월력(음력)을 계산하게 하였다.

우리나라 최초의 달력 '칠정산'

집현전 학자들을 대거 투입한 지 10년이 흘렀다. 비로소 세종 24년 (1442년) 조선의 달력이 완성됐다. 『칠정산七政算』이었다. 칠정산은 글자 그대로 '일곱 개의 움직이는 별을 계산한다'는 뜻이다. 일곱 개의 별은 오늘날의 각 요일을 대표하는 일곱 개의 천체 즉 해와 달, 그리고 수성, 금성, 화성, 목성, 토성을 가리킨다. 별과 행성의 운행, 위치를 살핀 결과를 놓고 일식, 월식은 물론이고 날짜와 계절의 변화 등을 미리 예측하게 된 것이다.

『칠정산』은 내편과 외편으로 구성되었다. 내편은 원나라의 수시력授時曆과 명나라의 대통력大統曆을 바탕으로 만들어졌고, 외편은 원나라에서 아라비아 천문학의 영향을 받아 편찬된 회회력을 중심에 놓고 연구한 역법이다. 이는 동시대 세계에서 가장 앞선 천문 계산술이었다.

당시에는 탄젠트, 코사인이라는 수학적 개념이 없었다. 하지만 오늘날 탄젠트, 코사인, 루트 등을 응용하여 『칠정산내외편』의 내용을 점검하면 1년을 365.2425일(소수점 이하 6자리)로 측정한 사실을 알 수 있다고 한다. 오늘날의 계산과 거의 일치하는 결과다. 당시 이 정도로 정교한 계산을 할 수 있는 나라는 아라비아나 명, 그리고 조선

뿐이었다. 하늘에 관한 일은 중국의 천자만이 관장할 수 있다는 사대주의적 고정관념을 깬 것이다.

특이하게도 세종은 책에 '역법'이란 이름을 붙이지 않았다. 대신 '7행성 운동에 대한 천문학적 계산'이라는 논문 제목과도 같은 이름을 붙였다. 황제의 권위를 훼손했다는 명의 시비를 피하기 위해서였을 것이다.

『칠정산내외편』은 15세기 조선 천문학의 수준을 보여주는 상징이다. 일본의 과학사학자 야부우치 기요시는 이런 말을 남겼다. "한문으로 엮어진 이슬람 천문 역법 중에서는 『칠정산외편』을 가장 훌륭한 책으로 높이 평가한다."

일본의 경우에는 240년 후인 1682년에야 일본만의 역법인 '정향력'을 만들었다. 조선통신사를 통해 역법에 대한 정보를 얻은 후였다. 서양에서 천문학이 발달하기 시작한 것도 17세기 중반에 이르러서였다.

백성이 곧 하늘이니

조선시대 유교 정치의 기본은 '백성은 하늘이다'라는 문장에 압축되어 있다. 늘 하늘을 살피던 세종이 진정 살피려 한 것은 하늘같은 백성이었다. 백성들을 잘 살게 하기 위해 농사일에 관심을 쏟은 결과 우리 땅에 알맞은 농사 기술을 안내하는 『농사직설』을 펴냈다. 한 해 농사에 가장 큰 영향을 미치는 강우량을 잴 수 있는 측우기를 만들었고, 절기를 정확히 알기 위해 천문 관측기구와 시계를 개발했다.

시계도 다양한 형태로 제작했다. 물시계 자격루는 경복궁의 남쪽인 보루각에 설치해서 표준시계로 이용하였다. 자격루는 자동시보장치가 붙은 물시계로 시, 경, 점에 따라서 종, 북, 징을 자동으로 울리게 만들었는데, 울림과 동시에 목각인형이 솟아올라 시간을 알리게 했다.

15세기 조선은 그야말로 '시계 왕조'라 할 만했다. 1432년부터 1438년까지 집중적으로 다양한 시계를 선보였다. 밤 시각을 측정하기 위한 일종의 해시계 겸 별시계인 '일성정시의日星定時儀', 이동하는 군사들을 위한 휴대용 해시계 '천평일구天平日晷', 오목한 솥 모양의 해시계 '앙부일구仰釜日晷' 등 누가 쓰느냐에 따라 모양도 가지각색이었다. 이중에서 장영실, 이천 등이 만들었던 해시계 앙부일구는 시계를 만든 세종의 뜻을 잘 보여준다.

"무지한 남녀들이 시각에 어두우므로 앙부일구 둘을 만들고 안에는 시신時神을 그렸으니, 대저 무지한 자로 하여금 보고 시각을 알게 하고자 함이다. 하나는 혜정교惠政橋 가에 놓고, 하나는 종묘 남쪽 거리에 놓았다."
— 『세종실록』 세종 19년(1437) 4월 15일

앙부일구는 우리나라 최초의 공중시계였다. 임금이 백성과 시간을 공유한 것이다. 권력자만이 독점해왔던 시계를 백성과 나눌 줄 알았던 세종. 그는 글자를 만들어 백성과 소통하기 전에 그림으로 소통하고 있었다.

조선의 시간 찾기와 주체성의 회복

15분의 시간차를 분석하기 위해서는 10여 년이라는 시간이 필요했다. 그 덕에 우리는 우리의 시간을 찾았다. 중국의 역법 대신 주체적인 달력을 창조해냈다.

인간은 흘러가는 시간을 인간의 기준에 맞춰 정리하기 위해 온갖 노력을 기울였다. 달력은 과학과 함께 발전해온 인류 지혜의 산물이다. 한편으로 달력은 권력에 따라 끊임없이 간섭받고 변화한 권력의 산물이기도 하다. 역사를 살펴보면, '시간을 지배하는 자'가 권력을 잡을 수 있었기 때문에 어느 시대든지 권력자들은 달력을 바꾸려고 했다. 중국은 기원전 4세기부터 18세기까지 100가지 이상의 달력을 만들었고, 수차례 역법을 개혁했다. 달력의 변화는 권력의 부침을 반영한다.

고대 로마에서는 달력이 권력 통제수단이기도 했다. 카이사르의 생일을 로마에서 국가적인 희생제로 기념한 것이 대표적인 경우다. 물론 권력이 바뀌면 축제일은 축소되거나 달력에서 사라졌다.

근대 일본에서도 달력을 통치 도구로 이용한 사례가 있다. 1873년 일본 천황은 내년 달력이 인쇄중이었는데도 불구하고 갑자기 태양태음력 대신 그레고리력으로 바꿔버렸다. 돈 때문이었다. 태음태양력을 따르게 되면 윤달이 끼어 있어 관료에게 한 달 치 월급을 더 줘야 했던 것이다. 그레고리력으로 바꾸면서 문제는 금세 해결됐다.

그레고리력으로 불리는 현대 달력은 전 세계 거의 대부분 국가에서 공통적으로 사용하고 있고, 이것을 기준으로 우리의 모든 일상생활이 움직인다. 우리나라도 갑오개혁 이듬해인 1895년부터 그레고리력으로 바꾸어 쓰고 있다. 그레고리력은 2000년 전 로마의 율리우스 카이사르가 만든 뒤, 그로부터 1600년 후 로마 교황 그레고리우스 13세가 수정한 것이다. 그레고리력 역시 불완전하기 때문에 새로운 달력으로의 개혁을 주장하는 이들이 있지만 간단하지는 않다. 달력 개혁을 외치는 이들은 그레고리력이 교황청이 있는 바티칸에 의해 조종되는 것이라면서 권력의 문제를 지적한다.

중국에 종속되어 있던 현실에서 쉽지 않았을 작업이었겠지만, 세종은 우리만의 시간을 찾아서 쓰게 만들었고, 뒤이어 훈민정음을 창제해 우리만의 독창적인 글자를 쓸 수 있게 했다. "나라 말씀이 중국과 다르다"는 『훈민정음』의 첫 문장은 그냥 나온 것이 아니었다. 그것은 우리의 주체성 선언이었다. 세종은 조선의 자주성과 자존심을 세운 진정한 임금이었다.

600년 전 세계 최고를 자랑하던 우리의 천문학 연구 수준이었지만 현재는 어떠한가? 나로호 발사와 같은 우주개발에는 속도를 내면서, 그 기반이 되는 학문은 방치되고 있다. 더더욱 우리를 부끄럽게 하는 것은 표준시간이다. 도쿄와 서울의 시차가 30분이나 되는 데도 우리는 일본의 수도 도쿄의 시간을 쓰고 있다. 지금 우리의 표준시간은 과거 식민지 시대 조선총독부에서 정한 시간에 머물러 있다. 중국과 다른 우리의 시간을 찾아 노력했던 세종대왕의 뜻을 되새겨보아야 하는 이유다.

참고서적

시간과 권력의 역사 외르크 뤼프케, 알마, 2012
우리 과학의 수수께끼 2 신동원, 한겨레출판, 2007
한국의 과학사 전상운, 세종대왕기념사업회(청목), 2000

cogito

07 보이지 않는 시선

네 명의 죄인
그리고
두 명의 시선

목에 칼을 쓴 채
카메라를 응시하고 있는 세 남자
살짝 눈빛을 떨어뜨린
맨발의 소녀

왼쪽 뒤
감시하듯 서 있는 검은 그림자

그리고
사진 속에는 등장하지 않는
카메라를 든 촬영자

왜?
이들은 감옥에 있지 않고
관아의 뜰에 나와 앉게 되었을까?

〈네 명의 죄인들〉

19세기 말
전 세계적인 식민지 쟁탈전
식민지 정복과 지배를 위한
서구의 두 가지 무기

총 그리고 **카메라**

당시
사진을 촬영하는 자는
총을 가진 자였다

피부색을 기준으로 나뉜
인종 간 우열
신체적 차이로 생긴
문명과 야만

아시아의 대영제국을 자처한
일본은
전국 120개 지역에서
2980명의 조선인 표본을 촬영
인류학적 연구자료로 이용했다

하지만

일본인과 크게 다르지 않은
인종적 특징
이로 인해 부각된 문화적 차이

열등한 조선인
미개한 조선인
비위생적인 조선인

〈한국 농촌의 일가족〉, 〈독특하게 젖가슴을 드러내놓고 저고리를 입은 한국 여인들〉, 〈지게를 진 소년〉

조선의 '미개한' 문화를 담은 사진엽서들은
한 해 수백만 장이 넘게 생산되어
서구와 일본에 널리 퍼졌다

〈거문도의 노인〉

〈물지게를 진 노인〉

1903년
프랑스 파리로 날아간 엽서
조선인이 그려진 러시아 사진엽서

"각국의 외인들은 조선 사람이라 하면
 그저 긴 담뱃대 들고 상투 짜고 신발 벗고 사는
 일종 야인으로 생각하나니…"
 －『개벽』제16호, 1921

영문으로 표기된 제목
THE PRISONERS IN THE BEFORE TIME

외국인들을 위한 상품임을 증명하는
일본인 사진업자의 표기방식

그리고
수백 수천 장씩 대량 복제되었음을 증명하는
일련번호

여기 네 명의 죄인이 있다
보이지 않는 시선에 의해 만들어진
백 년 전 조선의 모습이 있다

cogito 07

실탄 없는 총, 카메라

1871년 신미양요 당시 미군이 소총, 대포와 함께 조선에 들고 온 무기가 있었다. 카메라였다. 미 군함에 동승했던 이탈리아 사진작가 펠리체 베아토는 한국에 온 최초의 종군기자였다. 그는 승리를 축하하며 성조기를 꽂는 미군들의 모습과 강화도 광성보에 즐비한 조선 병사들의 시체를 찍었다. 그의 사진은 서구 신문과 잡지 곳곳에 실렸다. 학살의 현장을 통해 조선은 세계에 그 이름을 알렸다.

19세기 서구 열강은 식민지를 찾아 아시아와 아프리카를 누비며 총과 카메라를 함께 들고 다녔다. 사진 기술과 맞물려 발달한 인쇄 기술은 이미지의 대량 복제를 가능하게 했고, 제국주의는 이 두 개의 기술을 바퀴 삼아 자신의 무대를 넓혀나갔다. 식민지를 찾았고 식민지로 관광을 떠났다. 이즈음 등장한 것이 관광엽서다. '서구인들이 발견한' 식민지 원주민들의 사진은 관광엽서에 실렸다. 사진엽서를 수집한다는 것은 곧 세계를 수집하는 것이었다. 사진엽서의 단골 소재는 아프리카인, 인디언이라 불리는 아메리카 원주민 그리고 아시아인 들이었다. 엽서는 서구인들에게 식민지에 대한 호기심과 환상을 불어넣었고, 동시에 문명인이라는 우월감을 심어줬다.

'문명인'들은 학살의 현장까지도 저들만의 고상한 상품으로 만들어버렸다. 『오리엔탈리즘』의 저자 에드워드 사이드는 제국주의란 "식민지와 식민지를 지배하는 군인, 대포에 관한 것만이 아니라 관념과 형식, 이미지들과 상상에 대한 것"이라고 말한 바 있다.

카메라는 무기였다. 19세기 후반, 카메라를 가진 자는 곧 총을 가

보이지 않는 시선

진 자였다. 사진과 사진엽서는 이들에게 '제국의 시선'을 재생산하고 확대할 수 있는 좋은 수단이었다.

사진엽서에 담긴 조작된 조선의 모습

조선에도 사진사가 있었다. 1880년대 초 지운영, 김용원 등 조선인 사진사들이 등장했다. 하지만 갑신정변을 계기로 그들이 연 사진관들이 모두 파괴되면서 조선인들은 줄곧 피사체의 입장에 서 있을 뿐이었다. 19세기 조선에 카메라를 들이댄 이들은 일본인이었다.

일제의 초대 통감 이토 히로부미는 카메라의 힘을 알고 있었다. 그는 사진을 현실 정치에 활용한 이미지 메이커였다. 그는 일본인 사진사들을 동원해 조선의 이미지를 만들어냈다. 일본인 사진사들이 찍은 고종과 순종의 모습에서 황제다운 위엄은 찾아볼 수 없다. 그저 일본식 복장을 한 나약한 '식민지 군주'로 비쳐질 뿐이다. 황실 사진뿐 아니라 일본인 사진사가 찍은 조선 사람의 사진들은 대체로 무력하고 모자란 모습이었다. 일제는 이 사진을 엽서로 대량 제작해 서양에 퍼트렸다. 프랑스에서 알제리인의 사진엽서가 인기였던 것처럼, 일본에서는 조선의 이미지가 대량 생산되고 소비되었다.

카메라가 귀했던 시대에 사람들은 사진엽서를 보면서 가보지 못한 미지의 세계를 향해 상상력을 펼쳤다. 사진 한 장은 소설 속의 이야기보다 훨씬 강력했다. 서양인의 렌즈에 포착된 사람들은 대체로 피부색이 짙었다. 젖가슴을 내놓은 아프리카 소녀들, 요란하고 기이한 장신구를 휘감은 아메리카 인디언들을 포착한 서구인들은 거기에 '야만'이라는 이미지를 덧씌웠다.

1890년대부터 1930년대까지 일본인들이 관광기념상품으로 만들었던 대표적인 사진엽서인 '조선풍속 시리즈'에서도 이런 시선이 엿보인다. 물동이를 머리에 얹고 있거나 빨래를 하고 있는 조선의 여인들은 하나같이 젖가슴을 드러내고 있다. 성적 호기심을 자극하려는 연출이라고 볼 수 있다. 일제는 쓰개치마를 쓴 여성을 통해서는 조선의 폐쇄적 이미지를, 칼을 쓰고 관아에 쪼그리고 앉은 죄수들을 통해서는 전근대적인 형법제도를 보여주려 했다. 자기 키보다 훨씬 높이 쌓아올린 짐을 진 지게꾼들은 조선의 열악한 환경을 강조하기에 더없이 좋은 소재였을 것이다. 일제는 아이들의 모습을 찍을 때도 불결하고 열악하고 미개한 이미지를 강조했다.

사람만이 아니었다. 왕이 거처하던 궁궐도 볼거리로 전락시켰다. 일본의 상징인 벚꽃이 가득 핀 광화문, 기모노를 입은 일본인들이 산책하는 창경궁, 퇴락한 왕조를 보여주듯 잡초만 가득한 근정전 등을 사진엽서에 담았다.

제국주의의 시선은 여행산업, 박람회 등을 통해 점차 대담하게 왜곡됐다. 대표적인 이미지가 기생이었다. 치마를 몸에 달라붙게 입어 육체의 선을 드러나게 하거나 가련한 이미지를 강조해 일본의 보호

경성 관광 기념 엽서

를 받아야 하는 식민지 조선을 은유적으로 표현했다. 이를 관광 홍보포스터에 이용했고, 기생 엽서세트를 만들기도 했다. 공연 예술가로서의 기생이 아닌 매춘 관광을 암시하는 소재로 상품화했다. 사진엽서 속에서 조선은 일본이 만든 기생의 나라, 매춘의 나라였다.

1900년대 도쿄에서 열린 박람회에서는 조선인들을 전시하기도 했다. 남자에게는 상투를 틀게 하고 큰 삿갓을 씌우고 소매 넓은 옷을 입혔고, 여자에게는 긴 치마를 입혀 의자에 걸터앉도록 만들었다. 구한말의 현장을 『매천야록』에 기록했던 황현은 "우리나라 사람을 우롱하는 것으로, 꿈틀거리는 동물처럼 박람회에 출품한 것"이라고 울분을 토했다.

일본의 인류학자이자 민속학자 도리이 류조는 1910년경 조선총독부의 명을 받아 조선인들을 상품처럼 측정하고 이를 사진으로 남겼다. 조선의 120개 지역에서 성인 남녀와 아이들의 정면, 측면, 반신을 촬영했다. 인간을 사물화, 객체화해서 차이를 만들려 했던 것이다. 이는 19세기 서양의 제국주의 국가들이 그들의 식민지에서 해온 방식 그대로였다. 서구 열강은 식민지를 만들기 전에 학자들에게 사전조사를 시켰는데, 그 조사라는 것이 식민지 원주민의 신체 치수를 재는 일이었다. 물건을 다루듯 원주민들의 머리 둘레, 엉덩이 둘레, 다리 길이 등을 측정했고, 이 모습을 사진으로 남겼다. 인체 측정을 통해 밝혀진 인종 간의 차이를 그들은 문명과 야만을 구분하는 과학적 근거로 삼았다.

일본제국주의가 본격화되면서 일제는 자신들이 조선을 근대화시켰다는 사실을 홍보하는 수단으로도 사진엽서를 활용했다. 금강산, 특히 외금강의 이미지는 사진엽서에 많이 나타났는데, 이는 일제가 외금강의 관광코스를 개발했기 때문이다. 조선총독부는 오늘날의 패키지 여행과 같은 금강산 기획상품을 비롯해 금강산 관광을 위한 교통할인티켓도 만들었다. 기암괴석이 장관을 이루는 외금강의 만

물상은 일제강점기에 들어 많은 일본인이 찾는 대표명소가 됐다. 일본인들은 이곳에서 넓어진 제국의 영토를 확인하며 우쭐해 했다.

이밖에 고층건물과 넓은 도로로 채워져가는 도시, 개선된 철도의 모습 등을 엽서에 등장시켜 제국주의를 포장했고 조선을 근대화시켰다는 명분을 조선인과 세계에 알렸다. 실은 조선땅의 자원과 인력을 강제로 수탈한 결과물이었지만 사진 어디에서도 그런 진실은 찾아 볼 수 없었다.

근사한 모습만 엽서에 담았던 것은 아니다. 을사늑약으로 외교권을 빼앗긴 이후에는 조선 의병들이 잔혹하게 처형되는 사진도 담았다. 일제는 나라를 지키겠다는 의지를 꺾어야 조선을 제대로 지배할 수 있다고 여겼다. 1910년 3월 26일 처형된 안중근 의사의 처형 직전의 모습을 엽서로 제작한 것은 그런 이유에서였다.

보이지 않는 시선을 보는 힘

미국의 예술평론가 수전 손택은 『사진에 관하여』에서 사진 속 이미지들이 어떻게 현실을 왜곡했는지를 고발했다. 사진이 제아무리 현실을 거울처럼 비춰준다 해도 사진을 찍는 사람은 자신이 택한 대상을, 자신이 정한 프레임 안에서, 자신이 보고 싶은 각도로 담으려 하기에 사진은 있는 그대로의 현실일 수 없다는 것이다. 사진이 현실세계를 왜곡하는 도구가 될 수 있다는 손택의 지적은 정확했다. 사람들은 걸프전쟁과 9·11사태, 아부 그라이브 수용소 학대사건을 담은 사진을 보면서 그녀의 주장에 고개를 끄덕였다. 사진을 촬영한 곳은 분명 참혹한 전쟁터일 텐데, 사진이 전하는 현장은 달랐던 것이다. 이는 보는 이들로 하여금 전쟁의 폭력성에 눈감게 했고 전쟁터에서 겪을 사람들의 고통에 무감각하게 만들었다. 심하게는 적군의 잔혹한 모습을 보면서 자신도 모르는 사이에 '이러니 전쟁을 할 만하지' 하며 전쟁을 옹호하게 만들기도 했다. 전쟁의 현장을 찍은 이들이 전쟁을 일으킨 사람들이기 때문이다.

최근 일본은 도리이 류조가 남긴 사진들을 학문적으로 재평가하려는 움직임을 보이고 있다. 도리이 류조는 조선 뿐만 아니라 대만 등 여러 식민지에서 원주민을 범죄인 다루듯 사진을 찍어댔다. 많은 사람들이 사진은 진실을 담고 있을 것이라고 확신한다. 이 맹목적 믿음 탓에 사진은 진실 왜곡에 악용돼 왔다. 100년 전의 조선 모습도 역시 일제의 시선으로 굴절돼 사진에 나타났다. 문제는 일본이 오늘날까지 그 시선을 버리지 못하고 있다는 사실이다.

사진과 사진엽서를 흔히 '근대의 시각도서관'이라고 한다. 다양한 이미지들은 역사를 증언하는 또 하나의 도구다. 하지만 이를 비판적으로 이해하는 안목이 없을 때 우리는 왜곡된 역사를 곧이 곧대로 받아들이게 되고 만다.

사진을 읽는다는 것은 우리 눈앞에 있는 이미지가 현혹시키는 힘을 꿰뚫어보는 것이다. 우리는 사진에서 피사체보다 먼저 보이지 않는 시선, 카메라 뒤에 선 이들의 시선을 제대로 볼 줄 알아야 한다. 그때에 비로소 진실을 볼 수 있다.

참고서적

일제 강점기 박도, 눈빛, 2010
제국의 렌즈 이경민, 산책자, 2010
조선에서 온 사진엽서 권혁희, 민음사, 2005

3부 무엇을 기억할 것인가

01 999번째 수요일
02 기억을 기억하라
03 1894년 그날
04 어떤 반란
05 승자 없는 전쟁
06 100년 만의 귀환
07 폭파 위기의 덕수궁

memento

01 999번째 수요일

다시 수요일입니다

밤에 자다가 강제로
일본 군인들에게 끌려갔습니다

배급이 끊기면 가족들이 굶어 죽기에
군용 트럭, 군용 열차, 군용 선박에 실려
끌려갔습니다

살려달라고
집으로 보내달라고 해도
아무 소용없었습니다
아무것도 할 수 없었습니다

죽지 못해 살거나 아니면 정말 죽거나
그때 제 나이 열여섯 살이었습니다

그렇게 더럽혀진 몸으로 어떻게
부모님 얼굴을 볼 수 있겠어요

전쟁은 끝났지만 집으로 돌아갈 수 없었습니다
평생을 혼자 숨어 살아야 했습니다
살아 돌아오지 못한 사람들도 많았죠

여자로서도, 한 인간으로서도
살아 있되 죽어 있는 사람이었습니다

1990년 6월
"일본 정부나 군의 관여는 없었다
피해자의 명단도, 단서도 없다."

그때였습니다
열여섯 이후 멈추었던 시계가
다시 돌기 시작한 것은

그렇게 다시 세상 밖으로 나왔습니다

하지만
하나씩 멈추는 시간들

생존자 평균연령 86세
2011년 14명 별세,
남은 생존자는 65명입니다

매주 수요일
주한 일본대사관 앞에서 들리는
이들의 외침

   1
   2
   3
   4
   ⋮
 998
그리고 오늘이 999번째 수요일

999 + 1 = 1000 ?

달라지지 않는다면
우리에게 999 더하기 1은
1000이 아닙니다.
다시 1일 뿐.

20년 전 맨 처음 이곳의 수요일과
오늘 999번째 수요일이 다르지 않은 것처럼

DO YOU HEAR?

Do you hear their cry?

In the picture are comfort women who served as sex slaves for Japanese soldiers during World War II.

Since January 1992, ex-comfort women have been continuously meeting outside of the Japanese embassy in downtown Seoul every Wednesday. Gradually, the number of those attending has grown to over 1,000.

The Japanese government, however, has never expressed any intention of compensation or public apology for its atrocities.

The Japanese government must sincerely apologize to the women and compensate them for their mental and physical suffering at once.

This responsible behavior is the only possible way for Korea and Japan to work together towards peace and prosperity in Northeast Asia.

We expect a wise decision from the Japanese government.

www.ForTheNextGeneration.com

월스트리트 저널(WSJ) 아시아판 일본군 위안부 전면광고, 2011

memento 01

'정신대'부터 '강제적인 성노예'까지

"일본 정부는 사죄하라!" "변할 수 없는 과거를 인정하라!"

주한 일본대사관 앞에서의 수요시위는 2011년 12월 1,000회를 넘어섰다. 20년 넘게 이어진 수요시위. 그 사이 일본 총리는 열네 번, 한국 대통령은 다섯 번 바뀌었다.

일본군 '위안부'는 1930년대부터 1945년 8월 15일 일본이 패망하기까지 일본군에 의해 강제로 끌려가 성노예가 됐던 여성들을 가리키는 용어다. 그동안 이들을 지칭하는 말은 여러 가지였다. 한국사회에서 가장 먼저 쓰인 말은 '정신대挺身隊'였다. 풀이하자면 '나라를 위해 몸을 바친 부대'라는 뜻으로 일제는 1937년 중일전쟁 이후 부족해진 노동력을 채우려고 강제로 끌고 간 한국인들 특히 여성들을 가리켜 정신대라고 불렀으며 여성들로만 구성된 경우 여자정신대 또는 여자근로정신대라고 불렀다. 일제는 이 중 여성들 일부를 일본군의 성욕을 채우는 노리개로 삼아 전장에 끌고 다녔다. 정신대는 철저히 일제의 입장에서 만든 모욕적인 말이었다.

정신대와 함께 한때 '종군從軍 위안부'라는 말도 사용됐다. '종군 기자' '종군 간호사'처럼 자발적으로 군을 따라다녔다는 느낌을 주는 용어로 1970년대 이후 일본에서 주로 쓰이던 것이었다. 일제 당시에는 주로 '군 위안부' '위안부' '작부' '창기' 등으로 불렸다. 정신대나 종군 위안부라는 단어는 문제의 본질을 왜곡하면서 피해자 입장은 전혀 고려하지 않은 일본 제국주의의 언어였다.

현재 국제연합 등 국제활동의 장에서는 공식적으로 '일본군 성노예제Military Sexual Slavery by Japan'라는 용어를 쓰고 있다. 최근 미국에서는 문제의 성격을 더욱 뚜렷하게 표현하기 위해 '강제적인 일본군 성노예enforced sex slaves'라는 용어도 병행하고 있다. 그러나 우리나라를 비롯해 중국, 대만 등 아시아권에서는 일본군 '위안부'라는 단어를 오랫동안 사용해왔다. '강제적인 성노예'라는 용어를 당사자들이 받아들이기 힘겨워한다는 이유에서다.

'위생적인 성'을 공급하라

전쟁터에서 성을 목적으로 여성을 착취해온 역사는 뿌리가 깊다. 고대 로마에도 군인을 위한 '위안 체제'가 있었다고 한다. 하지만 국가가 주도해 '성노예'를 군인들에게 조직적으로 '제공'한 경우는 역사상 그 예를 찾아볼 수 없다.

일본군의 '위안부' 동원은 1932년경부터 시작됐다. 중국대륙 침략에 나선 일본은 1931년 만주에 이어 상하이를 점령했다. 이후 상하이에서 일본군 병사들의 약탈과 강간 사건이 잇따르자, 일본군 지휘부는 강간 사건을 방지한다는 명목하에 '위안소'를 설치하고 본토에서 위안부를 데려오기 시작했다. 처음에는 주로 매춘부로 일하던 일본 여성들이 대부분이었지만, 그 수가 부족해지자 일본군은 식민지의 여성들을 납치해 전장으로 끌고 갔다. 당시 식민지 조선의 소녀들은 공장에 취직시켜준다는 꼬임과, 배급이 끊길 것이라는 협박에 영문도 모른 채 강제로 끌려갔다.

일본군이 '위안부'를 만든 것은 단순히 강간 방지만을 위한 것이 아니었다. 1937년 중일전쟁으로 전선은 확대됐고, 일본은 세계제국 건설이라는 야망 속에 장기적으로 군대를 이끌고 갈 구상을 해야 했다. 당시 일본군에게 적보다 더 무서운, 보이지 않는 적이 있었으니 바로 성병性病이었다. 그들에게 일본군 '위안부'는 성병도 예방하고 군의 사기도 진작시키면서 효과적으로 군대를 이끄는 수단의 하나였다.

 일본군 '위안부'는 일본이 나라를 위해 싸우는 병사들에게 '위생적인 성'을 보급하겠다는 명목으로 만든 '성매매 시스템'이었다. 정부와 군의 계획은 치밀했다. 위안소 설치를 비롯해 '위안부' 동원과 관리 모두 체계적으로 실행됐다. 위안소는 군부대 주둔지 근처에 별도의 건물을 세우거나 군용 막사를 쳐서 만들었으며 기본적으로 군이 직접 설립·경영했으나 민간에게 위임하기도 했다. 민간 운영의 위안소는 군대의 보호, 감독 및 엄격한 통제를 받았다.

 일본군에게 '위안부'는 전쟁터에서 쓰고 버리는 소모품과도 같았다. 위안소의 여성들은 중국, 일본, 동남아시아, 남태평양의 섬에 이르기까지 이곳저곳으로 끌려다니면서 하루 평균 10명 내외, 많을 때는 30명 이상을 상대해야 하는 성노예가 되었다. 저항할 때 돌아오는 것은 폭행이나 고문이었다. 술에 취한 병사들은 어린 소녀들의 몸을 칼로 찔러대기도 했다. 위안소에서는 성매매의 대가로 병사들에게 이용료를 받았다. 하지만 그 돈이 여성들에게 전해질 리 없었다.

 '위안부'들은 자신의 본래 이름 대신 일본식 이름이나, 번호로 불렸고 모국어를 쓸 수 없었다. 기껏해야 하루에 두 번 수수밥을 먹을 수 있었지만, 병에 걸리면 이마저도 주지 않았다. 휴일도 없었다. 허락된 장소 외에 외출이나 산책도 금지됐다. 일본군의 감시가 이루어지는 곳에서 여성들이 탈출하는 것은 불가능했다. 탈출에 성공했다 해도, 전쟁터에서 더욱이 말도 통하지 않는 이역만리 타국에서 홀로 살아남기는 어려웠다. 일주일에 한 번씩 위생병에게 성병 검사를 받았고, 성병에 걸려 병증이 심해지거나 임신을 하게 되는 경우에는 위안소에서 추방됐다. 추방은 곧 죽음을 의미했다. 그 사이 맞아 죽고, 병 걸려 죽고, 도망가다 붙들려 죽으면서 많은 이들이 세상을 떠나갔다. 숨이 붙어 있는 동안에는 매일 집단 성폭행이 예고된 삶이 이어졌다. 3년, 4년, 5년…… 그렇게 똑같은 하루들이 흘러갔다.

그리고 드디어 끝날 것 같지 않던 전쟁이 끝났다. 1945년 8월 15일, 일본이 연합군에 항복을 선언했다. 하지만 '위안부'들은 자유의 몸이 될 수 없었다. 일본군은 증거 인멸을 위해 일본군 '위안부'들을 구덩이에 몰아넣고 사살했다. 황국신민으로서 자결할 것을 강요하기까지 했다. 살아남은 '위안부'들은 연합군 포로수용소에 수용되었다가 힘겹게 돌아왔다. 하지만 귀국을 포기하거나 스스로 목숨을 끊은 경우도 적지 않았다.

구사일생으로 귀환해도 '위안부'라는 굴레에서 벗어날 수 없었다. 고향 사람들은 등을 돌렸고, 어른들은 가문의 수치라고 했다. 병자호란 때 청에 끌려갔다 고향으로 돌아온 여인들인 '환향녀'와 같은 운명이었다. 숨죽이고 숨어 지내야 살 수 있었다.

첫번째 공개 증언 "나는 일본군 '위안부'였다"

'그 일'을 아는 사람은 많았다. 그러나 아무도 '그 일'에 대해 말하지 않았다. 김학순 할머니가 나타나기 전까지 그랬다. 1991년 광복절을 하루 앞둔 8월 14일, 한국여성단체연합 사무실로 찾아온 김학순 할머니는 그간의 침묵을 깼다.

"제 인생은 열여섯 꽃다운 나이로 끝났습니다. 지금도 이렇게 시퍼렇게 살아 있는 것은 피맺힌 한을 풀지 못해서입니다. 내 청춘을 돌려주십시오."

할머니는 자신이 일본군 '위안부'였다고 했다. 독립운동가였던 아버지를 따라 만주 지역을 떠돌던 할머니는 열여섯 살 때 일본군에게 끌려갔다고 했다.

김학순 할머니의 공개 증언은 다음날 8·15 기자회견을 통해 만천하에 알려졌다. 전쟁범죄를 은폐해왔던 일본은 충격에 휩싸였다. 이 문제를 방관해온 한국 정부 또한 당혹스러워했다. 덮어지나 했던 60여 년 전의 이야기가 다시 수면 위로 부상한 것이다.

그러자 다른 할머니들이 조용히 세상 밖으로 걸어나왔다. 부산에서 홀로 횟집을 하던 김복동 할머니는 남태평양을 떠돌며 8년 동안 성노예로 살아야 했던 기억을 얘기했다. 경기도 남양주의 비좁은 비닐하우스에서 외롭게 지내던 강덕경 할머니는 열다섯 살 꽃다운 나이에 정신대로 끌려갔던 고통스런 과거를 토해냈다. 그 뒤로 김순덕, 윤순만, 노청자, 윤두리, 문옥주 할머니 등 한 분 두 분이 얼굴을 드러내고 실명을 공개했다.

90년대에 들어서야 일본군 '위안부' 문제가 우리 사회에서 거론되기 시작했다. 한국정신대문제대책협의회 등의 민간단체들이 만들어졌고, 일본군 위안부 피해자 할머니들의 보금자리인 '나눔의 집'이 문을 열었다. 정부는 생활지원금 등의 대책을 내놓았다. 그러나 피해 당사자들이 가장 원하는 일본 정부의 사죄와 배상은 감감무소식이었다.

1991년 12월, 김학순 할머니를 비롯한 다른 피해자 할머니들은 일본 정부를 상대로 피해배상 청구소송을 냈다. 이 소송으로 일본군 위안부 문제에 대해 국제사회의 눈길이 쏠렸다. 민간단체를 중심으로 대책협의회가 꾸려졌고, 1992년 1월부터는 일본대사관 앞에서 수요일 낮 12시마다 일본 정부의 사죄를 촉구하는 집회가 열렸다. 삼복더위에도, 한겨울에도, 수요일이면 할머니들은 어김없이 일본대사관 앞에 모였다. 20년 전 시위를 처음 시작할 때만 해도 할머니들은 시위가 이렇게 길어질 줄 몰랐다고 했다. 횟수로 기네스북에까지 오

ⓒ한국일보, 흉상으로 돌아온 할머니들

른 수요시위는 2011년 12월 1,000회를 넘겼다. 그사이 피해자로 등록되어 있던 234명의 할머니들은 한 분 두 분 세상을 떠나갔다.

반세기 가까이를 숨죽이며 살아온 할머니들에게 가장 두려운 것은 잊히는 것이었다. 망각해서는 안 되는 역사이기에 할머니들은 외롭지만 끈질기게 목소리를 냈고 움직였다. 그 결과 국제사회도 할머니들의 목소리에 귀를 기울이기 시작했다. 국제연합은 일본군 위안부를 반인륜 범죄로 규정하고 일본 정부의 책임 있는 태도를 촉구했다. 2007년 미국 하원은 일본 정부의 사죄를 촉구하는 결의안을 채택했다. 이후 우리나라는 물론 각국 의회와 일본 지방의회에서도 결의안 채택이 이어지고 있다. 2012년 대만 타이페이에서 열린 제11차 일본군 '위안부' 문제해결을 위한 아시아연대회의에서는 매년 8월 14일을 세계 일본군 '위안부' 생존자들을 기리는 날로 정했다. 김학순 할머니가 용기 있게 첫 증언을 했던 날이다.

국내에서도 많은 성과들이 나타났다. '전쟁과 여성인권 박물관'이 건립됐고, '위안부' 문제에 대해 정부가 나서지 않는 것은 위헌이라는 헌법재판소의 결정을 받아냈다. 2012년 한일정상회담의 주요 의제로 일본군 '위안부' 문제가 처음으로 거론됐다.

"내가 이렇게 살아 있는데 왜 일본은 없다고 하느냐"

역사의 산 증인들이 나와 직접 겪은 것들을 증언하고 있는데, 일본 정부는 지난 20년 동안 "위안부 강제 동원은 없었다"고 똑같은 말만 되풀이해왔다. 위안부 할머니들이 자신들의 아픈 과거를 전부 들춰내며 일본, 미국, 제네바 등 세계 곳곳을 누비면서 일본의 만행을 규탄해도 1965년 한일협정 내용을 근거로 정당한 배상도, 사과도 하지 않았고 '일본군 위안부'는 민간업자들의 소행이었다며 발뺌했다. 그러다가 1992년 미국국립문서보관소에서 일본군이 위안부 모집과 수송, 관리 등에 개입한 사실을 입증하는 문서가 발견되자 일본은 책임을 인정했다. "위안소 설치와 운영 등에 일본 정부가 관여했다"는 발언이었지만 어디까지나 형식적인 사과에 불과했다.

2015년 12월 28일, 한일 양국은 한일 외교장관의 위안부 피해자 회담 관련 공동합의문을 발표했다. 이번 합의문에서 한일 양국은 공통적으로 "이번 문제가 최종적이고 불가역적으로 해결되었음을 확인"하며 "향후 유엔 등 국제 사회에서 본 문제에 대한 상호 비판을 자제한다"는 의사를 밝혔다. 또한 우리 정부가 위안부지원재단을 설립하고 일본 정부에서 10억 엔을 출연하는 내용도 포함되어 있다. 그러나 일본 정부가 총리가 아닌 외무대신을 통해 사죄한 점을 비롯해, 법에 근거한 배상이 아니라는 점과 피해자들과의 충분한 소통과 합의가 없었다는 점 등 미봉책에 불과하다는 비판들이 이어지고 있다.

제2차 세계대전 당시 일제가 중국, 필리핀, 인도네시아 등지에서 강제 동원한 위안부는 적게는 5만 명에서 최대 40만 명에 이를 것으로 추정되고 있다. 일본군 위안부 문제는 국가의 주도하에 이뤄진 조직적인 성폭력, 명백한 전쟁범죄다. 제2차 세계대전 종전 직후 도쿄에서는 전범 재판이 열렸지만 일본군 위안부 문제는 거론되지 않았다. 단, 인도네시아 등지에서 네덜란드 출신의 백인 여성들을 '강제적인 성노예'로 삼은 일본군들은 처벌됐다. 하지만 조선 여성들의 인간적인 권리는 일본제국주의 패망의 과정에서 복구되지 못했다.

광복 74년. 일본의 공식적인 사죄와 법적 책임을 묻는 수요시위가 시작된 지 어느덧 28년. 소녀였던 이들은 어느덧 아흔 가까이 되었다. 그리고 그들은 점점 우리 곁을 떠나고 있다. 일본군 위안부였다고 증언할 수 있는 생존자는 2019년 4월 현재 22명이다. "나 죽고 나면 모두들 나를 잊을까봐 겁이 난다"고 했던 강덕경 할머니는 1997년 2월 2일 마지막 숨을 내쉬었다. 용기 있는 첫 증언자 김학순 할머니는 그해 12월 강덕경 할머니의 뒤를 따라 하늘나라로 가셨다. "다시 태어나면 나라를 지키는 군인이 되고 싶다"던 김순덕 할머니도 2004년 6월 30일 세상을 떴다. 일본대사관 앞에서 몸을 구르며 "내 청춘 돌려달란 말이다"라고 절규하던 황금주 할머니도 2013년 1월 3일 아흔둘의 고단한 삶을 마감했다. 수요시위에는 황금주 할머니의 영정이 할머니를 대신하고 있다.

열세 살 때 어디로 가는지도 모르고 평양의 집을 나섰다는 길원옥 할머니는 오늘도 수요일이면 일본대사관 앞에 선다. "우리 죽는다고 끝날 일이 아니죠. 대한민국엔 어디 아들딸이 없나요? 더 많은 이들이 더 널리 소문을 내서 일본인들이 반성하게 해야죠. 아니면 죽어서도 시위현장에 나올 거예요."

참고서적

여성의 눈으로 본 한일 근현대사 한일여성공동역사교재 편찬위원회, 한울아카데미, 2011
20년간의 수요일 윤미향, 웅진주니어, 2010
한국 근·현대사의 쟁점 이현희, 삼영, 1992

memento

02 기억을 기억하라

반복되는 역사
반복되는 기억

1942년 6월

네덜란드 암스테르담
다락방에 숨은 한 소녀는 펜을 들었다

자전거도 빼앗기고
전차나 자동차도 탈 수 없다
저녁 9시부터는 거리에 나갈 수도 없다
아무것도 할 수 없는
금지된 생활의 연속이다

일기에 적힌
열세 살 소녀의 기억
안네의 기억
역사의 기억

1960년 4월

지금 광화문 네거리와 시청 앞에서
대학생들이 데모를 하고 있어
나도 뒤를 따라가보니
온통 사람들로 거리가 막혔지 뭐니

소녀의 일기에 적힌
"민주주의를 수호하라."

1980년 5월

소녀는 신문기사를 모으기 시작했다

왜 사실을 사실대로 보고하지 않는가
왜 정부에 유리한 내용만을 발표하는가

남학생들이
엎드려, 엎드려 하며 다급한 목소리로 외쳤다
바로 옆에서 총알이 떨어지는 소리가 들린다
아 어떻게 사람을 정면에 대고 총을 쏠 수 있을까?

구경하던 어린이, 할머니까지 총으로 무차별 살해한다
쓰러져가는 많은 시민들을 보았는가?
직접 보지 않은 사람은
이 사태를 이야기할 수 없다

5·18 여고생 일기

1942년 6월 홀로코스트 당시의 안네
1960년 4·19 혁명 당시의 여고생
1980년 5·18 민주화운동 당시의 여고생

반복되는 역사
반복되는 기억

자신이 본 것을 잊지 않기 위해
일기를 쓴 세 소녀

역사를 잊지 않기 위해
일기를 쓴 세 소녀

기억을 잊지 않기 위해
일기를 쓴 세 소녀

"기억을 기억하라."

"과거를 기억하지 못하는 이들에게 과거는 반복된다."
- 조지 산타야나(미국 철학자)

memento 02

1942년, 한 유대인 소녀의 기록

기자가 되고 싶었던 한 소녀가 있었다. 소녀는 기자가 될 수 없었지만 폭력의 시대를 어떤 기자보다 가까이에서 치밀하게 관찰했고, 기록했고, 고발했다. 소녀 이름은 안네 프랑크다.

안네는 1929년 독일 프랑크푸르트에서 태어났다. 집은 부유했고 아버지는 제1차 세계대전 당시 독일군 장교로 근무했다. 그러나 나치정권이 들어선 뒤 안네의 가족은 독일을 떠나 나치의 탄압을 피해 네덜란드 암스테르담으로 망명해야 했다. 제2차 세계대전이 한창이었던 1942년, 나치가 네덜란드를 점령하고 유대인 체포령을 내리자 안네의 가족은 다락방으로 숨어들어야 했다.

그해 6월 12일. 이날은 안네의 열세번째 생일이었다. 그날 안네는 선물을 받는다. 그 선물은 훗날 세계 역사에 안네의 이름을 알리게 해준 일기장이었다. 은신처에 머물며 안네는 '키티'라는 이름을 붙인 일기장에 공포스러웠던 순간들을 채워나갔다.

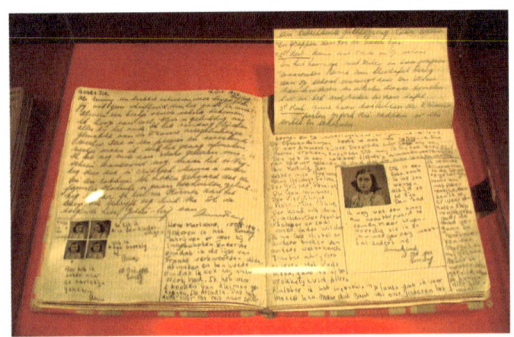

기억을 기억하라

"키티, 바깥세상은 너무도 무서워. 불쌍한 유대인들이 밤낮없이 끌려가고 있어. 그들은 끌려가면서 가진 것을 모조리 빼앗겨. 그리고 남자와 여자와 아이들을 따로 떼어놓아. 가족이 산산이 흩어지고 말아."

안네가 일기를 쓴 지 2년 뒤, 연합군이 노르망디 상륙작전에 성공했다는 소식이 전해졌다. 그러나 1944년 8월 1일 이후 안네는 더이상 일기를 쓸 수 없었다. 그로부터 사흘 뒤 독일 비밀경찰에게 발각된 안네의 가족은 폴란드에 있는 아우슈비츠 수용소로 끌려갔다. 이듬해 안네는 장티푸스에 걸려 목숨을 잃었다. 안네의 나이 열여섯 살이었다.

당시 안네의 가족을 숨겨준 네덜란드인은 안네의 일기장을 보관했고 유일한 생존자인 아버지에게 전달했다. 일기장은 1947년에서야 비로소 세상에 모습을 드러냈다. 유네스코는 2009년 '안네의 일기'를 세계기록유산에 등재했다.

1960년 서울, '여고생의 일기'

소녀는 열여덟 살, 서울 명성여고 2학년이었다. 1960년 4월, 소녀는 교복을 입었지만 학교로 가지 않았다. 대신 거리로 나섰다. 꽃보다 더 붉은 핏방울이 서울의 도로를 물들이고 있었다. 여고생은 열여덟 꽃다운 나이에 꽃답게 지내지 못했던 시간들을 일기장에 적어내려갔다.

　대한민국 임시정부의 초대 임시대통령이던 이승만은 1948년 신생 대한민국의 건국 대통령이 된 이후 1952년 발췌개헌, 1954년 사사오입개헌 등 각종 불법적인 개헌을 통해 12년간 장기집권을 하고 있었다. 그리고 1960년 3월 15일, 제4대 정부통령 선거가 실시되었다. 말이 선거였을 뿐 그 결과는 충분히 예측가능했다.

　"아버지는 투표일인 3월 15일 오늘은 '민주주의가 사망한 날'이라고 말씀하셨다. 투표를 하여도 소용이 없다고 말씀하신다. 아침에 나가실 때 아버지는 몹시 침통한 표정을 지으셨고, 나가시는 뒷모습에서 잎도 돋아나기 전인 봄에 낙엽이 떨어지는 느낌이 들었다."

　3월 15일 선거는 명백한 부정선거였다. 자유당은 투표함 바꿔치기, 야당인 참관 금지, 득표수 조작 등으로 민주주의를 얼룩지게 만들었다. 같은 날 마산에서는 시민과 학생 들이 부정선거를 규탄하는 목소리를 높였다. 고등학생, 대학생, 시민 할 것 없이 거리로 뛰쳐나왔고, 그들은 약속이라도 한 듯 하나가 되어 총탄에 맞서 나아갔다.
　그해 4월 11일 마산시위에서 행방불명된 한 고등학생의 시신이 발견됐다. 신원이 밝혀진 남학생 김주열의 눈에는 최루탄이 박혀 있었다. 국민들은 분노했고, 다시 일어났다.
　4월 19일 서울 시내 학생들이 총궐기했다. 구호는 '부정선거 규탄'에서 '이승만 하야와 독재정권 타도'로 바뀌어 있었다. 다급해진 이승만 대통령은 총칼을 앞세운 무력으로 탄압하고 비상계엄을 선포했다. 소녀는 거리에서 보고 들은 것, 몸소 경험한 것들을 매일매일 소상히 기록했다.

　"선두에 있던 남학생들이 "엎드려, 엎드려!" 하며 다급한 소리로 외쳤다. 바로 옆 가까이에서 총알이 떨어지는 소리가 들린다. 우리는 모두 아스팔트에 웅크려 앉아 있기도 하고, 배를 깔고 엎드리기도 하였다. 갑자기 우박이 떨어지듯 투두둑 투두둑 툭툭 요란한 소리가 나며 여기저기에 총알이 마구 떨어진다. 인정사정없이 무자비하게 잔인한 경찰은 엎드려 있는 우리를 향해 마구 총을 쏘아대었다."

4월 19일 '피의 화요일'은 막을 내렸다. 하루 동안 전국적으로 집계된 사망자 수는 186명, 부상자 6,026명이었다. 4월 25일 400여 명의 대학교수단이 '4·19의거로 쓰러진 학생들의 피에 보답하라'는 시국선언문을 발표했다. 그날 밤 소녀는 광목에 태극기를 그렸다. 다음 날 시위에 들고 나가기 위해서였다. 4월 26일, 소녀는 시위 행렬에 서 있었다. 소녀는 독재 타도를 외치다가 지프차 쪽으로 달려갔다. 총알이 핑핑 곁을 스치고 지나가도 태극기를 품고 앞으로 달려나갔다. 지프차에 올라탔다. 그리고 가슴에 품은 태극기를 꺼내 흔들었다.

"(지프차에) 올라가자마자 태극기를 앞에 들고 소리 높여 외쳤다. 나를 지켜보고 있던 군중들은 손을 흔들며 무엇인가 저마다 외쳤다. 그 외침이 하나의 덩어리가 되어 웅장한 함성으로 광화문 사거리의 지축을 흔들고 있다. 서로의 메시지는 정확히 전달되지 않아도 행동 하나하나는 마음이 통하고 있다는 느낌으로 열광적으로 환호를 해주었다."

이튿날 이승만은 하야 성명을 발표했다. 12년 독재정권은 종말을 고했다. 이승만은 곧바로 몰래 하와이 망명길에 올랐다.

1960년 4월 26일 소녀가 지프차 위에 올라가서 태극기를 흔드는 사진은 4·19 혁명의 상징이 되었다. 세월이 흘러 어느 날 그 사진의 주인공은 뉴스를 보다가 이 사진을 보게 된다. 고등학교 사회 교과

ⓒ이재영, 『4·19혁명과 소녀의 일기』, 해피스토리, 2011

서에 실린 한 장의 사진. 태극기를 꺼내들었던 50년 전 자신의 모습이었다.

태극기를 품에서 꺼내들던 열여덟 살 소녀의 이름은 이재영. 할머니가 된 그녀는 50년 전 이야기를 들려주기로 결심했다. 서랍 안에 간직해두었던 빛바랜 일기장을 꺼냈다. 일기장 옆에는 당시 학생들과 정당이 발표한 선언문과 결의문, 그리고 계엄사령부 포고문 등 당시 사회상이 담긴 자료가 함께 들어 있었다.

소녀의 일기는 사적인 기록이었지만 그저 개인적인 기록으로서의 '일기'가 아니었다. 시대와 역사의 관찰기이자 민주혁명의 체험기였다. 4·19 혁명의 공적 기록이 된 것이다.

1960년 봄부터 1980년 봄까지

1960년 4·19 혁명으로 자유당 정권이 무너진 뒤 새로 구성된 국회는 장면을 국무총리로 선출해 제2공화국의 출발을 알렸다. 독재의 시대에 억눌려 있던 다양한 생각들이 나오며 민주주의가 싹트는 순간이었다.

그러나 이를 혼란으로 보는 국민들도 있었다. 1961년 5월 16일, 박정희를 중심으로 한 군사세력은 혼란한 사회상을 바로잡겠다면서 쿠데타를 일으켰다. 박정희는 1963년 대통령선거에서 야당 후보였던 윤보선을 15만 표 차로 제치고 제5대 대통령에 당선됐다. 제3공화국이 탄생했다.

이후 재선에 성공한 박정희는 1969년 3선 개헌을 강행했고, 유신을 선포했다. '한국적 민주주의를 토착화'시킨다고 했지만 유신헌법은 박정희의 1인 독재체제를 공고히 만들기 위한 것이었다. 제왕적 대통령의 시대, 대한민국 제4공화국이었다.

1979년 10월, 마침내 유신정권에 대한 불만이 봇물 터지듯 터져 나왔고 급기야 10월 26일 박정희가 암살당하면서, 유신체제는 종언을 고했다. 18년 5개월만이었다. 많은 이들이 유신체제의 터널을 빠져나와 새로운 민주사회로 갈 수 있을 것이라는 희망을 가졌다. 그러나 정치적 암흑기는 다시 연장된다. 10·26 사태를 조사하던 보안사령 부장 전두환이 12월 12일, 군대를 동원해 상관을 체포하고 군 지휘권을 장악했다. 또다른 군부세력이 등장한 것이다. "불법적으로 정권을 장악한 신군부는 물러가라"는 목소리가 다시 거리에 울려 퍼졌다. 1980년 5월 초순 시위는 절정에 이르렀다. 5월 15일에는 10만여 명의 사람들이 서울역 앞에서 계엄 해제를 요구했다. 이른바 '서울의 봄'이다.

광주에서도 전남대와 조선대 학생들을 중심으로 시위가 확산되고 있었다. 신군부는 '비상계엄이 18일 자정을 기해 전국으로 확대되었음'을 발표하고 광주로 공수부대 투입명령을 내렸다. 이튿날 아침부터 학생들은 전남대 정문으로 속속 집결하기 시작했다. 이곳에서 학생들은 이미 대학 안에 주둔해 있던 계엄군과 처음으로 충돌했다. 진압을 피해 도심으로 나온 학생들은 계엄군의 만행을 시민들에게 알렸다. 1980년 5월 18일의 비극은 이렇게 시작됐다.

1980년 광주, 한 여고생의 시사노트

소녀는 광주에 살았다. 광주여자고등학교 3학년생이었던 소녀는 1980년 5월 전남도청에서 봉사활동을 하고 있었다. 그곳에서 소녀는 대학노트에 본 것, 생각한 것, 느낀 것 들을 가감 없이 적었고 신문자료를 스크랩해두었다. 노트에는 '시사노트'라는 제목을 달았다. 일기는 1980년 5월 22일. "교내에서 학원의 자율화를 외치던 민주화운동은 18일 거리에서 본격화됐다"는 첫 문장으로 시작된다.

"1980년 5월 22일 목요일, 우리는 민주화를 하자는 것이다. 민주화를 위해 싸운 민주인사들을 구속시키다니 이 원통한 일이 또 어디 있는가. 소위 민주주의 국가에서 민주인사를 죽이다니, 이 같은 일이 세계에 또 어디 있단 말인가."

계엄군은 추가로 투입됐고 일반 시민에게도 진압봉을 휘둘렀다. 무차별로 시민들을 연행해가기 시작했다. 시민과 학생들은 적극적으로 계엄군에 맞섰고 도심은 전쟁터로 변해갔다.
국내의 신문과 방송은 광주에서 일어난 일을 "일부 공산주의자들과 폭도들이 일으킨 반란"으로 규정하였다. 언론은 이미 언론이 아니었다. 고3 여고생은 당시 입을 굳게 다문 언론에 대해 날카로운 비판도 적었다.

ⓒ황종건, 5·18민중항쟁기념행사위원회

"입으로 말할 수 없는 갖은 만행을 벌여 사망자는 밝혀진 사람만 해도 200명을 능가하고 실종자는 거의 한 동에 몇 사람 꼴로 나타나고 있다. 그러나 매스컴은 일절 이러한 사실을 발표하지 않았으며 완전히 정부 편에 서서 우리 민주시민들을 폭도로 몰고 있었다. (…) 우리 광주에서 계속 민주시위를 하는 동안 우리나라 매스컴에서는 한 번도 진실 보도를 하지 않았다. 이런 사태에 광주 시민들은 더욱 분노했으며, 정부의 어떤 꼬임과 달콤한 말에도 절대 속지 않을 것을 다짐했다."

5월 27일 새벽, 계엄군이 작전을 개시해 전남도청을 다시 점령했다. 그렇게 5월 광주의 비극은 막을 내렸다. 소녀는 6월 1일 일기를 마지막으로 대학노트를 덮었다. 그리고 오랜 세월 펼치지 않았다. 그날 그 일에 대해 입을 닫았다. 끔찍한 기억과 마주서지 않았다.

이듬해 1981년 3월 3일, 전두환은 대통령에 취임했고 제5공화국이 출범됐다. 한동안 '5월 광주'의 일은 '광주 사태'란 이름으로 역사의 그늘 속에 가려져 있었다. 1987년 민주화의 물결로 그 가려진 진실은 세상에 알려졌고, 광주의 참혹한 기억은 '광주 사태'에서 '5·18 광주 민주화 운동'으로 제 이름을 찾게 되었다. 피해자들에 대한 보상도 진행됐다. 2001년 기준으로 확인된 피해자는 사망 218명, 행방불명자 363명, 상이자 5,088명, 기타 1,520명으로 총 7,200여 명이었다.

점차 5월 광주의 기억을 복원시키는 작업도 여러 곳에서 진행됐다. 그중 하나가 광주 민주화 운동을 다룬 다큐멘터리 〈오월애愛〉다. 김태일 감독과 감독의 가족, 지인들은 그날의 기억을 찾아 나섰다. 하지만 기억의 조각을 이어붙이기란 쉽지 않았다. 카메라 앞에서 마이크 앞에서 광주 시민들은 냉정했다. 그 누구도 다시 참혹한 현장으로 들어가고 싶어 하지 않았다. 전남도청에서 일기를 썼던 소녀도 그랬다. 소녀의 이름은 주소연, 지금은 50대의 교육공무원이 되어 있었다.

주소연 씨는 김태일 감독 일행과 만나면서 30년 전 그 풍경 속으로 다시 용감하게 들어갔다. 수십 년간 남편과 자녀들에게까지 꽁꽁 숨겨왔던 노트를 꺼내들고 인터뷰를 했다. 다큐멘터리 시사회 후 광주시청에서 '노트를 5·18 기록물에 넣자'는 연락이 왔다. 당시 공공기관이 작성한 대부분의 기록물은 '사실'과 거리가 멀었다. 현장을 목격한 사람의 기록이 무엇보다 절실했다. 1980년 5월 광주에서의 열흘을 기록한 주소연 씨의 일기장은 다른 기록물들과 함께 2012년 유네스코 세계기록유산으로 등재되었다.

기억을 기록하라

문명비평가 아놀드 조셉 토인비는 『역사의 연구』에서 고대 그리스와 현대 서구의 문명을 비교하면서 문명의 흥망성쇠를 고찰했다. "문명은 역사 속에서 반복된다." 시대가 달라져도 비슷한 상황이 주기적으로 되풀이된다는 것이다. 우리가 과거의 기록을 살피는 이유가 여기에 있다. 과거에서 반복되어서는 안 될 사건을 미리 발견하고 최대한 지혜를 모아야 한다. 역사학자 에드워드 카가 남긴 "역사는 과거와 현재의 대화"라는 말 역시 우리에게 기록의 중요성을 깨우친다. 현재와 대화할 수 있으려면 기록해야 한다. 그래야 공동의 기억이 될 수 있다.

『안네의 일기』에는 이런 구절이 있다. "종이는 인간보다 더 잘 참고 더 잘 견딘다." 우리가 펜을 꺼내야 하는 이유다.

참고서적

4·19혁명과 소녀의 일기 이재영, 해피스토리, 2011

memento

03 1894년 그날

일이 발각되어도
누가 주동자인지 알 수 없다

주모자가 드러나지 않도록
원 모양으로 빙 둘러가며 서명한 거사 계획
사발통문 沙鉢通文

"때가 왔소.
탐관오리 조병갑의 목을 베고
한양으로 진격합시다."
— 전봉준

1894년 1월 10일
수탈의 상징
고부 관아 습격!

전봉준과 호남 최대 접주接主 손화중의 연합
고부에서 지핀 불씨가
전국으로 확산

"나라를 어려움에서 구해내고
백성을 편안하게 합시다!"

1894년 3월 20일
혁명의 포부를 선언한 무장 기포起包!

1894년 4월 7일
관군과 맞선 최초의 전투
황토현 전투 승전!

1894년 4월 27일
조선 왕조의 본관
전주성 점령!

마침내 호남 54개 고을에 집강소가 설치되고
역사상 최초로 농민주도 지방자치를 실시한다

하지만
혁명이 끝내 넘지 못한 고빗길

"화승총은 무라다총에 미치지 못해
총기싸움은 일본군 1인이 동학당 100인에 필적한다."
— 『시사신보時事新報』, 1894년 12월 21일

1894년 11월 9일
미완의 혁명을 후세에 부탁한
우금치 전투

그리고
2004년 3월
비적, 역적으로 불리던 불명예를 벗고
국가로부터 혁명임을 인정받은
'동학농민혁명'

그러나
각 지역 동학기념 단체들마다
다르게 주장하는 사건 발생일

8년째 표류하는
동학농민혁명 기념일

당신이 생각하는
1894년 '그날'은 언제입니까?

memento 03

사람이 곧 하늘이며, 모든 사람을 존중하라

조선의 중심 학문은 성리학이었다. 그러나 후기로 오면서 새로운 사회에 대한 열망을 담아 두 가지 학문이 날개를 펼친다. 하나는 서양에서부터 흘러온 서학이었고, 또하나는 서학에 대응해 나타난 동학이었다. 이 둘의 태동 지점은 달랐지만 동학과 서학은 공통점을 갖고 있었다. 학문이라고 했지만 종교였고, 사람들은 종교적 믿음 때문이라기보다 사회변혁을 꿈꾸며 이를 받아들였다. 그들이 그린 세상은 신분이 따로 나뉘지 않는 평등한 사회였다.

   19세기 초반, 헐벗고 지친 백성들에게 동학은 한 줄기 빛이었다. 무능한 권력은 동학의 교주 최제우의 목을 베어 꿈틀대는 변화의 싹을 베어버리려 했다. 하지만 동학의 가르침은 이미 사람들의 마음에 깊이 뿌리내려 있었다. 그들은 사람이 곧 하늘이고, 모든 사람을 하늘처럼 존중하는 시대가 열릴 것이라는 믿음을 갖고 있었다. 신천지를 꿈꾸는 이들이 속속 동학에 입교했고 그중에는 열여덟 살의 백범 김구도 있었다. 백범은 해주에서 교인이 되었고, 한 해 뒤 동학 농민군의 선봉으로 해주성 공략에 앞장섰다.

   동학농민혁명 직전은 동학의 최고 전성기였다. 전국 곳곳에는 신도 조직인 포包와 접接이 조직되어 있었다. 동학 지도자들은 1893년 가을부터 여러 차례 모임을 가지면서 새로운 시대를 구상하고 있었다. 변혁의 뜨거운 불길은 당시 조선 최대의 곡창지대가 있는 고부에서 당겨졌다.

동학농민혁명의 불씨, 고부민란

1894년 갑오년 음력 1월 10일, 300여 명의 고부 농민들이 쇠스랑과 죽창을 들고 고부(오늘날의 전북 정읍) 관아를 습격했다. 고부 군수 조병갑의 학정을 더이상 참지 못하겠다며 들고 일어선 것이다. 고부는 드넓은 평야가 펼쳐져 수확이 좋아 사람 살기에 괜찮은 곳이었다. 그러나 고부 군수로 부임한 조병갑은 농민들을 동원해 보를 쌓더니 물세(水稅)를 내라고 농민들을 쥐어짜는 등 폭정을 일삼았다. '만석을 짓는 보'라는 의미로 만석보라 했지만 만석보는 고부 백성들의 분노만 쌓이게 했다. 그뿐만이 아니었다. 이웃끼리 화목하지 않다는 등의 말도 안 되는 이유로 돈을 거둬갔고, 태인군수를 지냈던 부친의 공적을 적어 비석을 세우겠다면서 돈을 내놓으라고 협박했다. 농민들은 비석차기라는 놀이를 만들어 못된 군수에 대한 분을 풀었다.

참다 못해 전봉준을 비롯한 수십 명의 농민들이 몰려가 물세를 줄여달라고 했지만 소용없었다. 결국 농민들은 모여서 '거사'를 준비했다. 전봉준을 따르는 이들은 한데 모여 '군수살해, 전주감영 점령, 서울진격' 등 내용이 담긴 사발통문을 만들고 고부 관아를 습격했다. 사발통문이란 주모자가 누군지 알 수 없도록 둥그런 사발을 엎어놓고 그 원을 따라 이름을 적은 것을 가리킨다. 농민군의 지혜였다.

관아에 쳐들어간 농민군은 먼저 무기고를 부수어 총과 칼을 꺼내 무장을 하고, 옥을 열어 억울한 죄수들을 석방했다. 곡식창고를 풀어 물세로 빼앗긴 곡식을 되찾아 어렵게 살던 농민들에게 나눠줬다.

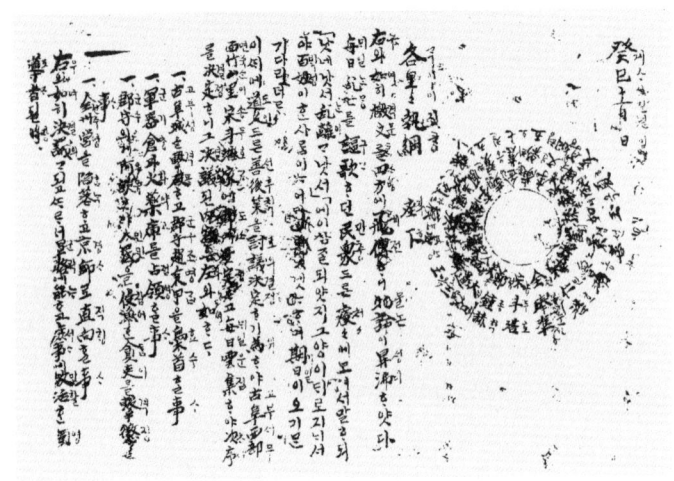

사발통문

고부에서 농민 봉기가 일어났다는 보고를 들은 고종은 조병갑을 군수 자리에서 파면하고 새로운 군수를 내려보냈다. 신임 군수는 농민들에게 앞으로 다시는 이런 일이 없도록 하겠다고 약속했고, 뜻한 바를 이룬 고부 농민들은 이 말을 믿고 흩어졌다. 그러나 끝이 아니었다. 사건의 진상을 파악하겠다면서 내려온 조사관인 안핵사 이용태는 민란을 조사한다는 명목으로 죄 없는 농민들을 옥에 가두고 재산을 빼앗았다.

농민군은 기회를 엿보면서 다음을 준비했다. 전봉준은 동학 교단의 지도자였던 김개남, 손화중과 손을 잡고 무장(오늘날 전북 고창에 병합)에서 집결했다. "포악한 것을 물리치고 백성들을 구제한다" "나라를 바로잡고 백성의 삶을 개선한다"를 구호로 내걸고 1894년 갑오년 음력 3월 20일 정식으로 결의문을 발표했다. 전국적인 투쟁을 하겠다고 정식으로 선전포고를 한 것이다. 전봉준은 동학농민혁명을 알리는 선언서를 곳곳에 뿌렸고 동학의 무리인 '포'는 전봉준을 중심으로 일어났다. 이를 '무장기포'라 한다. 이 날을 계기로 1년여에 걸친 혁명이 시작됐다.

동학농민혁명의 확산, 황토현 전투

의기충천한 동학농민군은 고부를 점령해 들어갔다. 이후 백산(오늘날 전북 부안에 병합)으로 달려온 농민들과 합세했다. 한데 모인 농민들은 8천여 명에 달했다. 모여든 사람들이 서 있으면 입고 있던 흰옷 때문에 산이 흰색으로 뒤덮였고, 사람들이 앉으면 들고 있던 죽창만 보여 "앉으면 죽산, 서면 백산"이라는 말까지 생겼다.

"우리가 의로운 깃발을 들어 이곳에 온 것은 원래 뜻이 다른 데 있지 않다. 백성을 어려움 속에서 구하고 국가를 튼튼하게 하기 위해서다. 안으로는 못된 관리의 머리를 베고, 밖으로는 횡포한 외세를 우리 손으로 내쫓고자 한다."

백산은 수천 명의 함성으로 뒤덮였다. 당황한 전라도 관찰사는 서둘러 조정에 군대 파견을 요청했고, 전라도 일대의 모든 군대를 동원하여 농민군 진압에 나섰다. 1894년 갑오년 음력 4월 7일 동학농민군과 관군의 전투는 고부의 나지막한 야산 황토현에서 벌어졌다. 농민들의 전폭적인 지지를 받고 있던 동학농민군은 급조된 관군을 단숨에 물리쳤다. 여세를 몰아 전라도 흥덕, 고창, 무장, 영광, 함평, 무안을 차례로 점령하면서 세를 불려나갔다. 전봉준은 사발통문에서 공언한 대로 다음 목적지인 전주로 향했다.

황토현에서 관군이 패하고 농민군이 전주로 향하고 있다는 소식을 들은 조정은 급히 서울의 정예부대를 전주로 파견했다. 조정으로서는 조선왕조 성씨의 본관인 전주만은 꼭 지켜야 했다.

1894년 4월 27일 동학농민군은 진격을 거듭하면서 전주성까지 점령하였다. 농민군이 한 도의 수부를 점령한 것은 조선조 건국 이래 최초의 일이었다. 전주는 국가 재정의 4분의 1을 담당하는 호남의 심장부였기에 그 파장이 더욱 컸다. 승승장구하는 동학농민군의 기세는 점점 높아져갔다.

동학농민혁명의 성공적인 마무리와 새로운 위기

거듭되는 패배에 당황한 조정은 동학농민군 진압을 위해 군대를 보내 달라고 청에 급히 손을 내밀었다. 개혁의 요구를 외면한 채 기득권 지키기에 급급한 권력자들의 처사였다. 임오군란도 갑신정변도 청군을 끌어들여 진압했다. 동학농민군이 봉기했을 때도 무능한 조선의 선택은 다르지 않았다. 5월 5일 청나라 군인 2천여 명이 아산만에 도착해 사흘 뒤 전원 아산에 상륙했다.

청의 출병을 경계한 일본 역시 군대를 보내겠다고 했다. 일본은 갑신정변 이후 청과 맺은 톈진조약 가운데 '양국 군대는 조선에서 동시에 철수하되, 만약 다시 보낼 필요가 있을 때에는 사전에 상대편 국가에게 통보한다'라는 조항을 들어 개입 명분을 내세웠다. 사흘 뒤 400여 명의 일본군이 인천에 도착해 다음 날 서울에 입성했다. 청·일 양국의 상륙경쟁은 거의 동시에 진행되었으나 서울에 진입하는 데는 일본이 기선을 잡았다. 안팎으로 궁지에 몰려 있던 이토 히로부미 내각에게 해외 출병은 난제를 해결할 절호의 기회였다.

동학농민군은 물론 조정도 예상치 못한 일본의 군대 파견에 충격을 받았다. 자칫하면 조선이 외세의 다툼으로 불바다가 될 상황이었다. 상황이 급변하자 동학농민군은 조정과 협상을 벌였다. 동학농민군이 요구하는 개혁안을 조정이 들어주는 조건으로 철수하기로 한 것이다. 동학농민군이 정부 측에 제시한 개혁안에는 세금 징수를 공평히 할 것, 봉건적 신분차별을 없앨 것, 백성을 괴롭히는 탐관오리를 숙청할 것 등 온갖 부조리에 고초를 겪어왔던 백성들의 평소 바람이 담겨 있었다.

5월 8일 우리나라 최초로 농민군과 정부가 약속을 했다. 이름 하여 '전주화약'이었다. 동학농민군은 전주성을 점거한 지 10여 일 만에 성을 나와 각자의 갈 길로 향했다. 고향으로 돌아간 농민들은 죽창을 내려놓고 다시 논밭에서 쟁기와 호미를 들었다. 동학농민군이 휩쓸고 지나간 전라도 일대는 치안과 행정이 거의 마비상태였다. 이때 동학교도들은 농민들이 주도적으로 개혁을 이끄는 자치기구, 집강소를 중심으로 지방의 치안과 행정을 맡아 꾸려나갔다. 서양의 혁명사와 비교하면, 일종의 자치해방구 '코뮌'이 만들어진 셈이다. 민주주의라는 말이 없던 시절, 이미 조선의 백성들은 민주주의를 스스로 만들어내고 있었다. 새로운 사회를 향한 농민들의 열망은 조선이 가야 할 방향을 제시하고 이끌어가는 가장 강력한 힘이었다.

전주화약을 맺은 뒤 동학농민군과 관군은 제자리로 돌아갔다. 그러나 일본군은 요지부동이었다. 일본은 6월 2일 고종 대신 김홍집을 앞세운 친일내각을 만들었다. 6월 21일에는 군대를 앞세워 경복궁을 강제로 점령하고 일본의 지휘를 받는 '개화파 정권'을 탄생시켰다. 여기서 그치지 않았다. 이틀 뒤에는 아산만에 정박해 있던 청나라 군함을 급습했다. 조선에서 청의 영향력을 뿌리 뽑기 위해서 일본군이 일으킨 이 사건, 바로 청일전쟁이다. 일본은 김홍집 '개화파 정권'에게 조선땅에서 침략전쟁을 벌인 일본군의 물자를 공급해주는 하수인 노릇을 시켰다. 그리고 6월 25일에는 낙후된 조선을 근대화시켜 주겠다면서 제1차 갑오개혁을 강행하였다. 조선의 제도를 자신들이 편한 대로 고쳐나가기 위해서였다. 그렇게 조선은 일본의 식민지로 침몰해가고 있었다.

"나라가 흔들리니 죽더라도 일어서는 것이 옳다"

일본 군대가 궁궐을 점령했다는 소식이 들려왔다. 조선은 청과 일본의 전쟁터로 변했다. 새로운 사회를 만들어갈 기대에 부풀었던 농민군은 다시 무기를 들었다. 흥선대원군이 뒤에서 농민군을 돕겠다며 은밀히 사람을 보냈던 차였다. 동학농민군은 한양을 향해 진격을 시작했다. 장기적인 싸움이 될 것을 내다봤기에 추수 때까지 기다렸다가 군량미를 확보했다.

남쪽은 전봉준, 북쪽은 손병희가 이끌었다. 최시형은 전국에 동원령을 내렸다. 〈도쿄아사히신문〉은 전봉준의 당시 결심을 이렇게 전하고 있다.

"우리 군은 훈련이 안 되어 있고 무기는 장난감과 같았다. 무기가 우수하고 잘 훈련된 일본군을 이길 수 있다고는 처음부터 믿지 않았다. 그러나 나라가 흔들리고 있으니 죽더라도 일어서는 것이 옳다."

— 〈도쿄아사히신문〉, 1895년 3월 5일

1월에 관아로 쳐들어갔을 때는 부패한 정치를 개혁하기 위해서였지만, 그로부터 10개월이 지나 다시 모였을 때는 나라를 지키기 위해서였다. 조선의 내정에 간섭하고 우리 영토에서 청과 전쟁을 하는 일본을 이 땅에서 내쫓기 위해서였다. 농민군들은 나라 지키는 의병이 되었다.

11월 초, 위에서 10만, 아래에서 10만, 전국에서 몰려든 농민군이 곳곳에서 봉기했다. 전라도에서 황해도까지 들불처럼 타올랐다. 겨울바람이 몰아쳤다. 싸워야 할 상대도 만만치 않았다. 하지만 그 무엇도 뜨겁게 하나가 된 농민들의 의지를 꺾을 수 없었다. 농민군의 적은 일본군만이 아니었다. 일본군의 앞에는 그들의 명령에 따르는 조선의 관군이 있었다. 친일 관군들은 전국을 누비면서 농민군 토벌에 나섰다. 산골짜기와 들판은 농민군의 피로 젖었고 강바닥에는 농민군의 시체가 쌓여갔다. 20만 명에 이르던 농민군들은 대부분 전사하거나 뿔뿔이 흩어졌다.

 공주와 수원을 거쳐 서울로 진격하기 위해 전봉준은 남은 1만여 명의 농민군과 전열을 가다듬었다. 공주에 이르니 신식 무기로 무장한 일본군이 관군과 함께 우금치 고개에서 그들을 기다리고 있었다. 최후의 전투를 준비했다. 1894년 11월 9일 우금치 고개와 그 주변에서 며칠간 격전이 벌어졌다. 땅을 일구던 이들이 군사훈련을 받은 정규 군대를 당해낼 리 없었다. 게다가 상대가 들고 있는 것은 최신식 총이었다. 일본군과 관군의 합동작전에 농민군은 힘없이 쓰러져갔다. 그러나 그들은 목숨이 붙어 있는 한 끝까지 두려워하지 않고 전진했다. 이때 관군을 이끌었던 친일파 이두황은 당시를 "남은 천여 명이 여지없이 무너졌는데 새벽하늘에 별이 떨어지는 것 같았고 가을바람의 낙엽과 같았다. 길에 버려진 총과 창, 밭 둔덕에 버려진 시

전봉준 법정 출두

체가 눈에 걸리고 발에 차였다"고 기록한 바 있다. 말이 전투였을 뿐 학살과 다름없었다. 나라 위해 나선 백성들의 시체는 산을 덮었고, 그 피는 강으로 냇물로 흘러들었다.

전봉준은 이후 순창으로 몸을 피했다. 농민군을 다시 모아 반격에 나설 계획이었다. 그러나 거액의 현상금에 눈이 먼 옛 부하의 밀고로 일본군에 붙잡히고 말았다. 그에겐 '군복기마작변관문자부득시참軍服騎馬作變官門者不得時斬'이란 긴 죄목이 씌워졌고, 사형선고가 내려졌다. 교수형에 처하기 전, 일본군은 살려달라고 말하면 원하는 것을 모두 들어주겠다고 했지만, 전봉준은 기꺼이 죽음을 맞이했다. 죽기 전 그는 소리쳤다. "종로 네거리에서 목을 베어 오가는 사람들에게 내 피를 뿌려라."

논란이 거듭되고 있는 동학농민혁명 기념일

전국의 동학농민군은 100만 명, 그 가운데 30만 명이 죽었다고 한다. 살아남은 가족들도 재산을 빼앗기고 뿔뿔이 흩어졌다. 많은 사람들은 오랫동안 '1894년의 일'을 '동학난'이라고 불렀다. 동학교도들의 난동, '역적질'이라는 것이다.

'동학난'이 '동학농민혁명'으로 새롭게 평가받게 된 것은 한 세기가 지난 뒤였다. 동학농민혁명이 100돌을 맞던 1994년, 유족들과 관련 연구자들은 힘을 합쳐 동학농민군의 명예회복을 위해 나섰다. 지방에서는 동학농민군의 봉기지역을 중심으로 기념사업회를 꾸렸고, 국제학술회의를 잇따라 열었다. 그리고 10년 만인 2004년 3월, 비로소 '동학농민혁명 참여자 등의 명예회복에 관한 특별법'이 국회에서 통과되었다. 110년 만이었다.

동학농민혁명에 대한 재평가도 활발하게 이뤄졌다. "동학농민군의 집강소 활동은 아시아 민주주의의 기원이다" "동학농민군의 2차 봉기는 일제 침략에 최초로 저항한 사건이다" "동학농민군이 내놓은 개혁안은 한국 역사가 근대로 가는 길을 열어주었다" 등 다양하고 의미 있는 해석들이 나오기 시작했다.

동학농민혁명은 세계사에서 유례를 찾기 어려운 '아래로부터의 혁명'이었다. 농민군들은 스스로 주인이 되어 조선의 사회모순을 해결하려 했고 민주주의를 실현해나갔다. 동학농민혁명은 중국의 태평천국운동, 인도의 세포이 난과 더불어 민중항쟁으로서 세계사에 뚜렷한 획을 그었다.

하지만 아직 동학농민군의 명예회복이 완성됐다고 할 수 없다. '동학농민혁명 참여자 등의 명예회복에 관한 특별법'을 만들어놓았지만 그 특별법에서 규정하고 있는 기념일 제정을 못하고 있는 탓이다. 정읍시는 황토현 전승일인 5월 11일로 하자고, 고창군은 무장봉기일인 4월 25일이 국가기념일이 돼야 한다고, 부안군은 백산대회일인 4월 26일이 맞다고, 공주는 우금치 전투를 기념해 12월 5일로 정해야 한다고 서로 목소리를 높이고 있다. 동학농민혁명의 '원조 경쟁'을 벌이고 있는 셈이다.

떠돌고 있는 '1894년 그날'을 안착시키는 것은 119년 전 분연히 일어섰던 농민군에게 우리가 지금 할 수 있는 최소한의 예의일 것이다.

참고서적

개벽의 꿈 동아시아를 깨우다 박맹수, 모시는사람들, 2011
녹두 전봉준 평전 김삼웅, 시대의창, 2007
전봉준 : 1894년 우윤, 하늘아래, 2003

memento

04 어떤 반란

영의정 대감네 첫째 아들에게도
농사짓는 김 서방네 둘째 아들에게도
모두에게 똑같이 주어진 의무

〈동래부순절도〉 일부

1592년 4월
임진왜란

개전 20일 만에 한양 함락
두 달 만에 평양성 함락
명나라를 코앞에 두고 의주로 도망친 왕, 선조

"천자의 나라에서 죽을지언정
 명나라에서 죽을지언정
 왜적의 손에 죽을 순 없다."
– 『선조실록』 1592년 6월 13일

그리고 내놓은 궁여지책
"병사를 모집하라!"

군역을 피하는 양반들
늘어가는 백성의 부담
허물어져가는 조선의 군사력

거의 모든 방어선이 무너진 상황
군사를 다시 모으기 위해 선택한 북부 지역
'함경도' '강원도' '평안도' '황해도'

그러나
뿌리 깊은 조정의 차별
여진족의 잦은 수탈
관리들의 폭정

"왕자의 무리들이 이르는 곳마다
백성들을 침탈하여 소란을 피웠고
때문에 인심을 크게 잃었다."
-『선조수정실록』1592년 7월 1일

왜군이 함경도까지 진격하자
백성을 버리고 도망간 왕자들

결국 백성들은 왕자의 위치를 적에게 알려준 뒤
'반란'을 선택했다

"나를 어루만져주면 임금이요
나를 학대하면 원수이니
누구를 섬긴들 임금이 아니랴."
-『기재사초』

memento 04

임금이 한양을 떠나니 백성은 임금을 떠났다

"나라님께서 우리를 버리고 가니, 우리는 누굴 믿고 살아가야 합니까!"
— 『징비록』

왜군을 피해 선조가 궁을 빠져나가는 모습을 본 백성들은 통곡했다. 부모와 다를 바 없는 군주가 자식인 백성을 버리고 가는 모습에 깊은 배신감을 느꼈던 것이다. 임진왜란 당시 영의정이었던 유성룡이 기록한 전쟁사 『징비록』에는 왜란 당시 민심을 보여주는 풍경이 그려져 있다. 전쟁이 터지고 보름쯤 지난 1592년 4월 30일 새벽이었다. 선조의 사관이었던 기재 박동량은 같은 시간대의 정황을 『기재사초』에서 이렇게 기록하고 있다.

"하늘에서는 비가 세차게 내리고 밤은 칠흑같이 어두웠다. 임금은 단지 두서너 명의 내시와 함께 마루방에 앉았는데 무뢰한들이 대내로 난입해 거리낌 없이 보화를 약탈했다. 시녀들은 맨발에다가 옷을 벗고 눈물을 흘리고 혹은 통곡하면서 궁문을 흩어져 나오니 곡소리가 하늘에 사무쳤다."

도요토미 히데요시의 야망을 실현하기 위해 훈련된 정예병 20만 명이 신무기인 조총을 들고 부산 앞바다에 상륙한 지 얼마 되지 않아 한양은 위험해졌다. 선조는 난을 피해 도성을 떠나기로 했다. 왕을 따르는 호위병은 100명이 채 되지 않았다. 궁궐 주변에 모여 있던

어떤 반란

장수들은 눈을 흘기고 달아났고, 병사들도 병기를 끌고 내빼기 바빴다. 왕이 도성을 빠져나가자 화가 난 백성들은 경복궁과 창덕궁, 창경궁으로 몰려 들어가 불을 질렀다.

제일 먼저 불을 놓은 곳은 노비 관계 업무를 관장하는 장례원과 형조였다. 역대 왕들의 실록은 물론 『승정원일기』가 타버렸고, 『고려사』를 편찬하고 남겨두었던 초고까지 다 사라졌다. 의도적인 방화는 아니었다. 백성들의 분노가 가져온 결과였을 뿐이다.

비에 젖은 군주의 행색은 초라했다. 동파역(오늘날 파주 진동면 동파리)에 닿은 것은 밤 8시였다. 준비해놓은 수라를 호위병 중 일부가 훔쳐먹고 달아났고, 기록 담당관인 사관들은 보이지 않았다. 갖은 고생 끝에 선조 일행은 개성에 도착했다. 그 후에도 멈추지 않고 계속 북상했다. 일본군이 자신들을 추격해오고 있다는 소식 때문이었다. 백성들은 왕에게 돌을 던지며 나라를 망하게 했다면서 욕설을 퍼부었다. 위엄은 온데간데없고, 난민이 되어버린 왕족이었다.

조선 관군의 패색이 짙어지면서 백성들의 위기감은 높아졌다. 전라도, 충청도, 경상도 순찰사들이 병력을 모아 서울을 구하기 위해 용인으로 올라왔지만, 일본군 수십 명이 조총을 쏘며 달려들자 싸움은 금세 끝나버렸다. 군이 제대로 힘을 쓰지 못하는 상황이 이어지면서 나라가 망할 것이라는 분위기가 번져갔다. 전란 초기 지역의 수령들이 도주했던 영남에서는 일본군에 빌붙는 이들이 늘어났다. "김해와 동래 등지의 백성들은 모두 왜적에 붙어서 사람을 죽이고 재물을 약탈하며 여인들을 더럽히는 것이 왜적보다 심하였다"는 기록이 나올 정도였다. 물자 징발에 시달리던 전라도에서는 폭동이 일어났다. 군사들이 관아를 습격하여 옥사를 파괴하는 난동이 일어나기도 했다.

차가운 민심, 왕에게 돌팔매질하다

한양을 떠난 지 한 달쯤 지나 평양성에 도착한 선조는 "더이상 북쪽으로 옮겨가지 않고 죽음으로써 평양성을 지키겠다"고 선언했다. 그러나 약속은 일주일 뒤 깨지고 말았다. 일본군이 대동강까지 북상했다는 소식 때문이었다. 평양성을 나가려는 왕의 일행을 보고 성난 군중이 떼지어 몰려왔다. 중전의 시녀를 몽둥이로 쳐서 말에서 떨어뜨리고, 수행하던 이들을 난타했다. 선조는 병력을 동원하여 소요를 가라앉힌 뒤 평양을 끝까지 사수하겠다면서 백성을 안심시켰다. 그리고 다시 몰래 파천길에 올랐다.

며칠 뒤 평양성은 함락됐다. 선조가 평양을 떠나면서 지역의 민심은 싸늘해졌다. 왕은 도망치기 바빴고 백성들은 그 뒤를 따라가며 약탈자로 변했다.

"이때에 도로에 떠도는 말에 왜적들이 반드시 임금의 수레를 뒤쫓아오고야 말 것이라고 하니 임금이 지나간 여러 고을이 일제히 비고 난민들이 관아 창고를 불사르며 약탈해갔다."
— 『선조실록』 선조 25년(1592) 6월 18일

"임금의 행차가 평양을 떠나온 후로는 인심이 무너져서 가는 곳마다 난민들이 곧바로 창고에 들어가서 곡물을 약탈하니 순안, 숙천, 인주, 영변, 박천 등의 고을 창고가 차례로 약탈당했다."
— 『징비록』

왕이 도착하는 고을의 아전이나 백성 어느 누구 할 것 없이 산골짜기로 도망쳤다. 왕이 적의 첫번째 표적이었기 때문이다. 숙천에서는 누군가가 관아 담벼락에 "국왕 일행이 강계로 가지 않고 의주로 간다"는 낙서를 해놓았다. 선조의 피란 경로를 일본군에게 알려주기 위해서였다.

선조 일행은 평양성을 떠나 이제 6월 20일경 의주까지 이르렀다. 압록강만 건너면 명나라였다. 선조는 명으로 가려고 마음먹고 있었지만 유성룡이 막았다.

"전하께서 우리 땅을 한 발자국이라도 떠나신다면 조선땅은 우리 것이 안 될 것이며, 후일 백성들을 어찌 보려고 하십니까? 지금 동북의 여러 도가 남아 있고, 머지않아 호남지방에 충의의 선비들이 봉기할 것인데, 어찌 경솔히 명나라에 가십니까?"

결국 선조는 명으로 가지 못했다. 그즈음 명에서는 지원군을 보내왔다. 선조는 자신이 명으로 가려 했던 것은 보다 빨리 지원군 요청을 하기 위해서였다면서 변명을 늘어놓았다. 백성을 버리고 떠난 못난 임금과 사리사욕을 위해 싸움질만 일삼는 위정자들의 모습을 유성룡은 훗날 『징비록』이라는 기록에 낱낱이 담았다. 『징비록』은 미리 징계하여 후환을 경계하려는 기록이란 뜻이다.

왕자를 적에 팔아버린 함경도 백성들

이때쯤 왕자들 또한 북으로 향하고 있었다. 선조는 세자로 책봉한 광해군에게는 분조(임시 조정)를 맡아서 전쟁터를 살피라고 명했고, 임해군과 순화군 두 왕자들에게는 각각 함경도와 강원도로 가서 병사를 모집하라는 책임을 맡겼다. 위기를 돌파하기 위한 하나의 방책이었지만, 이는 실책이 되고 말았다. 함경도에 가서 민심을 수습해 함께 싸우자고 독려해야 할 두 왕자는 오히려 민심을 어지럽히고 말았다.

그렇지 않아도 북관(오늘날의 함경도) 민심은 사나웠다. 북관은 일찍부터 중앙정부에 대한 반감이 강했다. 여진족과 가까운 데다 벼슬길에 나아가 출세하기도 여의치 않았고, 골칫거리인 죄인들을 귀양 보내는 유배지였다. 지역 주민들은 일본군이 들어오기도 전에 난동을 일으켜 수령이나 지휘관들을 공격했고, 심지어 일본군에게 넘겨주기까지 했다.

이런 상황에서 왕자들은 동요하는 민심을 진정시키기는커녕 지방 관료들을 못살게 괴롭혔고 권세를 이용해 백성들의 것을 수탈하기 일쑤였다. 급기야 회령까지 도망진 임해군과 순화군은 제 살길을 찾으려 두만강변으로 몸을 피하려 했지만 계획은 불발됐다. 왜군에게 포로로 넘겨진 것이다. 적에게 왕자를 넘긴 이들은 왕자를 보필하던 국경인과 그의 숙부 국세필이었다.

당장 살기 위해 별 수 없이 일본군의 앞잡이가 되는 백성들이 속출하고 왕자들까지 볼모로 잡혀 수모를 겪게 되면서 조정의 고민은 깊어갔다. 선조는 한양이 수복되고 일본군이 남쪽으로 내려간 뒤에도 의주에서 돌아가려 하지 않았다. 백성들이 반란을 일으킬까 두려웠던 것이다. 결국 선조는 한양을 떠난 지 1년 반이 지나서야 1593년 10월 한양으로 되돌아왔다. 불타버린 궁궐 대신 개인별장을 빌려 임시 안식처로 삼았다. 이 임시 궁이 오늘날의 덕수궁이다.

선조는 당시 두 개의 적과 싸워야 했다. 하나는 일본군, 또 하나는 전쟁으로 흉흉해진 민심이었다. 이때 선조에게 구세주와 같은 이들이 나타난다. 나라를 구하기 위해 들불처럼 일어난 의병들이었다. 불온한 민심 때문에 애타하던 조정 입장에서 전국 각지에서 일어난 의병들은 한 줄기 단비였다. 의령 곽재우 이후 경상도, 전라도, 충청도, 경기도, 황해도에서 잇달아 이름 없는 민초들이 하나둘 일어서기 시작했다. 민심이 가장 흉흉했던 함경도에서는 정문부를 중심으로 의병이 조직돼 지역을 사수했다. 정문부는 의병을 조직하자마자 일본군보다 왕자를 일본에 건네준 국세필을 먼저 처단하러 나섰다.

의병 봉기 이후 줄곧 당하기만 하던 임진왜란의 전세는 조금씩 뒤집어졌다. 유성룡이 만든 군역제도도 의병들의 불길을 거세게 당겼다. 영의정 유성룡은 노비가 전쟁에서 공을 세우면 노비 신분을 면해주는 '면천법'을 도입했고, 노비와 양반이 함께 편성된 속오군이라는 군대를 만들었다. 군역 면제를 받던 양반에게도 병역의 의무가 부과된 것이다. 개혁입법이라 할 만했다. 선조 또한 이를 적극 지지했다.

그러나 전쟁이 끝나자 상황은 돌변했다. 양반의 특권을 훼손시킨 속오군은 조정에 불편한 존재가 됐다. 임금보다 더 인기 있던 전쟁 영웅들도 선조에게는 부담이었다. 의병장으로 맹활약했던 김덕령과 임진왜란 최고의 영웅이었던 이순신은 첫번째 제거 대상이었다. 선조는 임진왜란 극복은 모두 명나라 덕이라고 목소리를 높였.

1598년 11월 19일, 선조가 유성룡을 관직에서 내몬 날은 이순신이 노량해전에서 전사한 날이기도 했다. 면천법과 속오군도 모두 사라졌다. 조선은 다시 양반이 특권을 누리는 '그들만의 천국'이 되어 버렸다. 농민들에게만 과중된 군역은 조선 후기 농민반란의 불씨가 되었다.

민심과 권력

『기재사초』에 전해오는 백성들의 말은 민심의 실체를 보여준다. "나를 어루만져주면 임금이요, 나를 학대하면 원수이니, 누구를 섬긴들 임금이 아니랴."

백성을 돌보는 것은 군주의 첫번째 덕목이다. 조선시대 유교정치도 덕치와 민본에 뿌리를 두고 있다. 군주가 덕을 잃으면 천명이 바뀌고, 민본을 무시하면 혁명이 일어나게 마련이다.

역사 속에서도 이런 사례를 찾을 수 있다. 한국전쟁이 일어나자 이승만 초대 대통령은 서울을 떠나 혼자 몸을 피한 뒤 서울을 사수하겠다는 거짓 방송을 내보냈다. 게다가 한강 다리까지 폭파시켜 무수한 사망자를 낳았고, 국민들의 피난길을 막아버렸다. 혼자 살고자 하는 권력자의 말로는 비참했다. 하와이로 도피했고, 백성들은 그의 동상을 끌어내려 무너뜨렸고, 그 목에 밧줄을 매어 종로 거리를 끌고 다녔다. 지배층이 의무는 저버린 채 제 목숨, 제 욕심만 챙기면 백성에게 버림받는다는 교훈은 동서고금이 다르지 않다.

2500년 전 춘추전국시대를 살았던 공자는 민심이 분노하는 뿌리를 차별에서 보았다. 『논어』는 다음과 같이 적고 있다. "백성이 가난하고 적게 가진 것을 근심하지 않고 처우가 고르지 못함을 근심하며 민심이 안정되지 못함을 걱정한다." 가난한 것은 참을 수 있지만 불공정한 것은 참을 수 없는 민심의 방향을 공자는 정확히 보고 있었다.

조선의 지배층인 왕과 양반들은 백성들을 보호할 의지도 능력 또한 없었다. 고려 귀족사회의 병폐를 깨뜨리겠다면서 나라를 세운 조선 사대부 세력들이 어느새 자신들이 바로 그 혁파 대상이 된 것이다. 양반들의 특권 가운데 대표적인 것이 병역 면제였다. 군역의 의무는 돈 없고 가난한 백성들 몫이었다. 대신 향교에 등록한 유생은 누구나 군역에서 제외됐다. 오늘날 재벌, 장관, 국회의원 자제들의 높은 병역 면제율은 조선시대 양반들의 특권과 별반 다름없어 보인다.

권력은 권력자 자신을 위한 것이 아니라 그 권력을 낳는 백성들을 위한 것임을 잊을 때, 국가와 사회가 공정하지 않다고 여길 때 민심은 무섭게 돌변해 권력자를 공격한다. 400년 전 임진년, 이름 붙여지지 않은 조선 백성들의 '어떤 반란'은 언제든지 반복될 수 있다.

참고서적

내일을 여는 역사 편집부, 서해문집, 2008
옛사람에게 전쟁을 묻다 도현신, 타임스퀘어, 2009

memento

05 승자 없는 전쟁

승리는 승리였으나
누구 한 사람 기억하고 싶지 않은
무의미한 승리였다

조선 병사들은
헤라클레스처럼 힘이 세고
호랑이처럼 잔인하며
사격술은 윌리엄 텔만큼 백발백중이라는데!

강화도를 침공했던 군함 중 한 척인 모노카시 호의 선상에서 기념촬영한 미군들

미 해군들 사이에서 돌던
괴이한 소문

상대는 프랑스를 물리친
조선군

미국의 최종 목적은 하나
조선과 수교협상을 맺는 일

"남북전쟁 때에도 그렇게 짧은 시간에
그렇게 많은 포화와 총알이 쏟아진 적은 없었다."
– 미군 블레이크 중령의 증언

드디어 마주선 조선군의 실체
접근이 쉽지 않은 절벽 위 요새에서
수백 문의 대포로 무장한 천여 명의 정예군

하지만

선 자세로 1분에 1발 쏘는
조선의 화승총

엎드린 자세로 1분에 10발 이상 쏠 수 있는
미국의 레밍턴 소총

"조선 수비병은
소총에 재장전을 할 시간적 여유도 없이
요새로 올라오는 미군을 육탄으로 방어하였다."

"무기를 잃은 자들은 돌과 흙을 집어던졌다."
– 미 해군 슬라이 소령의 회고록

조선군 사망자 350명
미군 사망자 3명

유리한 수교협상을 생각한 미국
그러나
영토를 잃지 않았으니 패배가 아니라는 조선

전쟁에 대한 상반된 평가

한쪽은 이겼다는데
한쪽은 지지 않았다는 전쟁

21일간의 수교협상 후
미국은 조선군 총대장의 깃발만 갖고 철수한다

미 해군 기함 콜로라도 호에서 회의하는 미군 장병들

그리고
미국 함대에 승선했던 공개되지 않은
한 명의 동양인
일본 군사정보원 안토 다로

⟨The landing of the Unyo in Korea⟩, 1877

4년 후
일본은 미국과 똑같은 방식으로
강화도를 침공,
조선 개항에 성공한다

memento 05

서양 오랑캐가 나타났다

왜란과 호란 이후 조선은 200여 년 동안 전쟁을 겪지 않았다. 그 뒤 19세기 들어 이전과는 전혀 다른 '오랑캐'들을 만나게 된다. 그것도 처음 보는 기묘한 배를 타고 온 자들이었다. 당시 해안에 자주 등장하는 이 배를 가리켜 조선인들은 모양이 다르다고 해서 '이양선異樣船'이라 불렀다.

서양인들과의 빈번한 접촉은 16세기 선교사 파견과 함께 시작됐다. 19세기 중엽에 접어들면서 서구 열강은 성경책이 아닌 무기를 들고 문을 두드렸다. 산업혁명을 마무리한 서구 열강은 원료를 구하고, 물건을 팔기 위해 국가 주도로 군함을 앞세워 아시아, 아프리카 등 여러 나라를 찾아다녔다. 해상력을 앞세운 식민지 쟁탈전이 벌어졌다.

이양선이 오가면서 동아시아 정세는 급속도로 변화했다. 청나라는 1842년 아편전쟁에서 영국에 패배하면서 하는 수 없이 문을 열었고, 일본은 1854년 미국에 굴욕적인 개항을 했다. 바야흐로 아시아는 제국의 시대로 편입해 들어가고 있었다.

아시아 전반에 퍼진 변화의 물결은 한반도도 지나칠 수 없었다. 이상한 모양의 배가 조선땅에 침범한 것은 청이나 일본보다 20여 년 늦은 1866년, 프랑스군이 처음이었다. 흥선대원군은 이를 병인양요라 하고 관아에 불을 지르고 책과 보물들을 훔쳐 달아난 서양인들에게 바짝 경계심을 갖는다. 본격적인 쇄국정책이 시작된 것이다. 프랑스군이 지나간 뒤 5년 후 이번에는 미국 함대가 쳐들어왔다. 신미양요다. 전장은 병인양요와 마찬가지로 강화도였다.

"전투에서 이겼으나 전쟁에서 졌다"

일본 나가사키를 떠난 미군 군함들이 인천항을 거쳐 1871년 음력 4월 14일, 물살 세기로 이름난 강화도 손돌목 해역으로 들이닥쳤다. 조선 원정을 명령받은 해군 제독 로저스가 이끄는 아시아 함대였다. 미군은 막무가내로 군함 5척, 군인 1,200여 명을 이끌고 강화도로 쳐들어왔다. 당시 미국은 남북전쟁을 끝내고 재건기로 들어서던 차였다. 미국이 전쟁을 하는 동안 유럽은 이미 아시아로 힘을 뻗쳐가고 있었고, 후발대가 되어버린 미국은 유럽을 빨리 따라잡아야 했다.

　미군은 조선에 와서 5년 전 얘기부터 꺼냈다. 미국의 무역선 제너럴셔먼 호가 대동강을 타고 평양에 와서 통상을 요구했는데, 그때 조선 사람들이 배를 불태우고 선원들을 모두 살해하지 않았냐는 것이다. 미군은 과거의 일을 사과하는 의미로 무역협상에 나서라고 했다. 응하지 않으면 보복 공격을 가하겠다고 경고했다. 1854년 일본을 굴복시켰던 방법을 1871년 조선에도 똑같이 되풀이하고 있었다.

　강화도로 오기 전 인천항에 정박했을 때 이미 흥선대원군은 미군의 불법 영해 침범을 경고하면서 물러가라고 했다. 하지만 미 군함은 꼼짝도 하지 않았다. 강화도를 지키던 조선군은 해역에 미 군함이 나타나자 대포를 쏘며 공격했다. 당황한 미군은 포를 쏘아 맞대응을 하며 일단 철수했다. 미국과의 첫 교전이었다.

열흘 뒤 미군은 전열을 정비하고 대대적인 공격을 해왔다. 신미년 음력 4월 23일의 일이다. 강화도에서의 교전은 덕진진, 초지진, 광성보 세 곳에서 이뤄졌다. 초지진, 덕진진이 미군의 기습 공격에 무너진 이후 조선의 군사들은 광성보에 집결했다. 속전속결로 육지에 상륙한 미군 병사들은 소총을 쏘아댔다. 당시 참전했던 미국의 블레이크 중령은 이때를 회고하기를 "남북전쟁 때에도 그렇게 짧은 시간에, 그렇게 많은 포화와 총알을 쏟아부은 적이 없었다"고 말한 바 있다.

미군이 갖고 있던 레밍턴 라이플^{rifle} 소총은 당시 조선군이 갖고 있던 화승총과 비교가 되지 않았다. 조선군은 300여 년 전 임진왜란 때 쓰던 화승총을 들고 있었다. 화승총은 총알이 나가는 거리가 기껏해야 120미터에 불과했다. 미군이 갖고 온 신무기 소총은 그보다 최대 7배나 더 멀리 나갔다. 화포 역시 미군의 것은 화약이 터지는 폭발력을 갖고 있었지만 조선군은 포탄을 날려보내는 원시적인 수준의 대포를 쓰고 있었다. 결과는 이미 예고돼 있었다.

"조선의 군사들은 용감하였다. 그들은 항복을 아예 몰랐다. 무기를 잃은 자는 죽음을 각오하고 맨손으로 싸웠으며, 부상자는 돌이나 흙을 집어던지며 저항하였다. 나중에 전투가 불리해지자 잡히지 않으려고 바다에 몸을 던지거나 스스로 목숨을 끊었다."

"조선군은 그들의 진지를 사수하기 위하여 용맹스럽게 싸우다가 모두 전사했다. 아마도 우리는 가족과 국가를 위해 그토록 강력하게 싸우다가 죽은 국민을 다시는 볼 수 없을 것이다."

끝까지 항전하는 조선군의 모습은 미군들에게 깊은 인상을 주었다. 이 전투에는 미 해군 사상 최초의 사진반이 동행해서 전투상황을 사진으로 찍어 기록에 남겼는데, 사진을 굳이 보지 않아도 조선 말기의 역사를 기록한 황현의 『매천야록』을 보면 당시의 참혹한 상황을 충분히 짐작할 수 있다.

조선군의 피해는 심각했다. 미 함대가 5월 16일 철수한 뒤 조정에서 확인한 아군 전사자는 53명, 부상자는 24명이었다. 하지만 미군 측의 기록을 보면 조선군은 350명이나 사망한 것으로 집계돼 있다. 이에 반해 미군은 3명이 전사하고, 9명이 부상하는 데 그쳤다. 한마디로 조선의 참패. 미군이 쏘아댄 포탄에 수많은 민가들이 잿더미로 변했고 목숨을 잃은 민간인들도 적지 않았다. 전란을 겪은 강화도 백성의 삶은 참담했다.

미군 측에서 촬영했던 사진을 보면 흰 옷을 입은 조선군의 시체가 즐비하다. 조선군들은 그 더운 초여름에도 하나같이 두꺼운 솜이불 같은 것을 두르고 있었다. 이른바 '면갑綿甲'이라고 해서 무명 수십 장을 겹쳐 만든 방탄조끼였다.

전투가 끝난 뒤 미군은 손돌목에 높이 휘날리던 '장수 수帥'자가 새겨진 황색 깃발을 전리품으로 챙겼고, 대신 그곳에 성조기를 걸었다. 하지만 이후에도 교역하지 않겠다는 조선 조정의 의지는 변함이 없었다. 결국 미군은 7월 3일에 중국으로 뱃머리를 돌렸다. 강화도에 온 지 근 한 달 만이었다.

이 사건을 훗날 미국은 "미개인들과의 조그만 전쟁"으로 표현했다. 그러나 한편으로는 이런 평가도 나왔다고 한다. "전투에서 이겼으나 전쟁에서 졌다."

흥선대원군의 척화비와 쇄국정책

미군은 애초의 목적을 달성하지 못했다. 그렇다고 해서 신미양요가 조선의 승리는 아니었다. 그러나 흥선대원군은 서양세력을 물리친 것으로 착각했다. 청나라도 서양 오랑캐에 무릎을 꿇었는데, 우리는 결코 항복하지 않았다면서 자신 있어 했다. 강화도에서 있었던 일은 '양요'로 기록됐다. 전쟁이 아니라 소요사태, 신미년에 일어난 '서양 오랑캐의 난' 정도로 여긴 것이다.

대원군은 전국에 척화비斥和碑를 세우게 하고 빗장을 더욱 굳게 걸었다. 척화비는 쇄국정책의 상징물이었다. 신미양요 직후에 흥선대원군은 사람들이 빈번히 다니는 전국의 포구나 도로변에 척화비를 세웠다. 비석에는 다음과 같은 글이 쓰여 있다.

"서양 오랑캐가 침범했을 때 싸우지 않는 것은 곧 화의하는 것이요, 화의를 주장하는 것은 나라를 파는 것이다. 이를 자손만대에 경계하노라. 병인년에 비문을 짓고 신미년에 비석을 세운다洋夷侵犯 非戰則和 主和賣國 戒我萬年子孫 丙寅作辛未立."

서양과 통상을 하지 않겠다는 정책은 외세의 침탈을 적극적으로 막으려는 의지가 담겨 있었다. 쇄국정책은 흔히 부정적인 평가를 받지만 당시 조선의 정세로 볼 때 가장 안전한 대책이었는지 모른다. 더욱이 조선이 믿고 있던 청이 서양제국에 의해 강제로 개방당한 선례가 있는 상황이었다. 외세를 향한 단호한 흥선대원군의 결단은 당시 성리학을 신봉했던 양반들의 열렬한 지지를 받았다. 양반들에게 '개방'은 곧 '매국'이었다. 그러나 역설적이게도 흥선대원군은 바로 이 지지자들 때문에 권력의 무대에서 밀려나고 만다. 흥선대원군의 국내 정책에 대한 양반들의 불만이 높아졌기 때문이다.

1864년 아들 대신 집권한 흥선대원군은 풀어야 할 두 가지 커다란 과제를 안고 있었다. 밖으로는 제국주의 침략의 물결이 거세지던 시기에 열강의 침략을 막아내야 했고, 안으로는 세도정치와 삼정

문란, 민란의 확산 등으로 흐트러진 민심을 수습해야 했다. 이를 위해 흥선대원군은 양반의 특권을 없애는 것을 우선순위에 두었다. 양인층만 부담하던 군포를 신분에 상관없이 가구 수대로 내도록 하는 호포제를 전격 실시했고, 양반들의 특권만 보호해주는, 수탈기관처럼 변질된 서원을 없앴다. 기다렸다는 듯 민초들은 환영했다. 하지만 양반들은 거세게 반발했고 결국 흥선대원군을 집권 10년 만에 끌어내리고 말았다.

이후 대원군의 아들인 고종이 직접 정치 일선에 나서면서 외교 정책은 서서히 변화의 바람을 탔다. 외국과의 통상을 강조하는 개항론자들이 목소리를 높이기 시작한 것이다. 이들은 쇄국을 고집하는 것이 불가능하다고 판단했다. 교역을 할 때 침략의 의도가 있는지 우호적인 것인지 구분을 하면 조선이 보다 발전할 수 있지 않겠는가 생각했다.

이즈음 기회를 엿보던 일본은 변화를 감지하고 1875년 해안선을 측량한다는 구실로 강화도까지 접근해왔다. 1853년 미국의 페리 제독이 함대 4척을 가지고 일본에 와서 했던 수법 그대로였다. 대포를 쏘며 억지로 통상조약을 맺게 만드는 것을 이른바 '포함 외교'라고 했는데, 일본은 20년 전 자신들이 미국에 당했던 그 방식 그대로 조선에 적용했다. 일본이 포함 외교를 위해 타고 온 배 이름은 '운요호'로 우리가 '운요호 사건'으로 기록하고 있는 사건은 이렇게 시작됐다. 당시 일본은 1868년 메이지유신 이후 근대체제를 만들었고, 제국주의 대열에 합류하고 있었다. 조선은 그들의 첫 먹잇감이 되었고, 이듬해인 1876년 2월 26일 일본과 강제로 '조일수호조규(강화도조약)'를 맺고 나라의 문을 열고 만다. 신미양요가 일어난 지 4년 뒤, 이로써 조선의 쇄국정책은 종지부를 찍었다.

승리였을 수도 있었던 신미양요

1871년 신미양요 당시 미군에 의해 약탈된 조선군 어재연 장군의 군기가 지난 2007년 136년 만에 고국의 땅으로 돌아왔다. 일명 '수자기'라고 불리는 이 깃발은 '帥'자가 쓰여 있는 깃발로 가로 세로 4.5미터의 대형 깃발이다. 완전히 되돌려받은 것도 아니고 장기임대 방식이었다.

예나 지금이나 깃발은 지휘권을 상징하고, 전투에서 기를 빼앗긴 것은 패배를 뜻한다. 그러나 당시 조선 조정은 이를 '승리한 전쟁'으로 둔갑시켰다. 아시아의 근현대사 속에서 국제관계를 연구해온 일본 고베대학교 기무라 칸 교수는 "병인·신미양요 승리로 조선은 일종의 자만심을 가지게 됐고, 이는 조선에 악영향을 끼쳤다"고 지적한다. 조선은 그렇게 자기만의 착각 속에서 척화비를 세우고 문을 걸어 잠갔다.

초기 한미관계를 재조명해온 서울대 김명호 교수는 조선이 당시 제국주의 국제 정세를 충분히 인식하지 못한 것에서 구한말 비극의 원인을 찾고 있다. 나라 밖 사정에 대해 누구보다 밝았을 평안감사 박규수조차도 미국의 태도를 호의적으로 받아들이고 평화적인 방법으로 대화를 통해 분쟁을 막을 수 있을 것이라는 확신을 가졌다는 것이다. 당시 조선에 세계사적 흐름을 정확히 꿰뚫을 인재가 없었다. 같은 시기에 일본은 난학으로 젊은이들을 양성하면서 18세기 중엽부터 유럽이 내놓은 학문적 성과들을 일본어로 번역해내고 있었지만, 조선은 제대로 된 인재를 발탁하지도 양성하지도 못했다. 과거 科擧가 문란해진 탓이다.

19세기 말 동북아시아 3국은 모두 격동의 역사 속으로 함께 빨려 들어갔다. 그러나 개항에 직면한 한국과 중국, 일본의 운명은 엇갈렸다. 조선과 거의 비슷한 시기에 두 번의 서양 세력을 맞게 된 일본은 16세기 중반 규슈에 표류한 포르투갈 상선에서 화승총 제조법을 배웠고 이어, 1571년 나가사키 항을 열어 그곳을 통해 많은 정보를 수집하고 국제 정세에 대한 흐름을 예민하게 감지했다. 개방을 통해 스스로 힘을 쌓아갈 기회로 만들어간 것이다. 메이지유신은 이러한 흐름에 결정적인 전환점을 마련해 일본을 자생적으로 근대화시켰다. 역사의 비극은 일본이 그 힘을 다른 나라를 침략하는 데 썼다는 것에 있지만 말이다.

미군에게 빼앗긴, 수(帥)자가 쓰여진 조선군 사령관기

어쩌면 신미양요는 조선에게 승리일 수도 있었다. 승패를 떠나 현실을 제대로 직시하고 척화비보다는 국토방위를 더 세밀하게 점검하고 난맥상이던 내부를 점검했다면 조선은 동아시아 어떤 국가보다 더 가치 있는 근대를 맞이할 수 있었을지도 모른다.

문제의 해결은 늘 현실을 바로 보는 데에 있다. 위정자들이 바로 보지 못할 때 가장 큰 피해자는 백성이고 그 권력에 지혜롭게 경고를 하는 것도 백성이다. 실학자들이 개혁에 대한 고민을 하고 있을 때에, 민초들은 행동에 먼저 나섰다.

참고서적

조선전쟁 생중계 정명섭 등저, 북하우스, 2011
초기 한미관계의 재조명 : 셔먼호 사건에서 신미양요까지
김명호, 역사비평사, 2005
한미외교관계 100년사 김원모, 철학과현실사, 2002

memento

06 100년 만의 귀환

나는 야스쿠니 신사 구석에서
천덕꾸러기처럼 서 있는
조선 비석을 발견했다

1592년 임진왜란
함경도 일대에서 벌어진 최대 육상전
북관대첩

단 한 번도 진 적이 없는
'전쟁의 신' 가토 기요마사 부대
2만 2천여 명

vs.

정문부 장군이 이끄는 의병부대
200명

그러나
예상을 뒤엎고 패퇴한 왜군

왜군의 함경도 침략 당시 북평사 정문부의 활약상을 그린 〈창의토왜도〉

1905년 러일전쟁
북진하던 일본군은
함경북도 길주에서 북관대첩비를 발견한다

"이것은 일본 역사의 수치다."
– 이케다 쇼우스케(러일전쟁 당시 일본군 소장)

비석은 강제로 떼어져
콘크리트 더미에 몸체를 박고
무거운 머릿돌로 눌린 후
비석의 내용을 부정하는 안내판까지 설치된다

그리고
70년 후

일본 군국주의 상징인
야스쿠니 신사 구석에
강제로 뽑혀 옮겨온 비석 하나

한 한국인 사학자의 공개로 밝혀진 북관대첩비의 존재

1979년
한국 정부
일본에 반환 요구

1996년
일본 승려 가키누마 센신
야스쿠니 신사에 반환 촉구

2000년
한일 불교계
반환운동 공동추진 합의

2004년
북관대첩비 환국 범민족운동본부 발족

한결같은 야스쿠니 신사의 답변

"비석은 북한의 길주에 있던 것이니
 남북이 통일되면 돌려주겠다."

2005년
강제로 빼앗긴 지 꼭 100년이 되던 해

"남과 북은 일본으로부터
 북관대첩비를 반환받기로 하고
 이를 위한 실무적 조치를 취하기로 하였다."
 ― 「제15차 남북장관급회담 공동보도문」 중에서

2006년
북관대첩비는 원래 있던 자리에 다시 세워졌다

memento 06

조선국함경도임명대첩비, 드라마 같은 이야기

400년 전 온 나라가 전쟁으로 파탄에 빠졌을 때 도탄에 빠진 백성들을 구하고자 분연히 일어난 용감한 이들이 있었다. 역사는 그들을 잊었다. 100여 년 뒤인 1707년 그들의 이야기를 한 후손이 돌에 새겼다. 그 뒤 돌에 새긴 그들의 이야기는 다시 역사에 묻혔다. 세월이 지난 후 역사에 묻혀 있던 돌은 용기 있는 자들의 이야기를 담고 다시 세상에 모습을 드러냈다. 이 파란만장의 돌은 우여곡절 많았던 사나이들의 운명과 닮아 있었다. 바로 북관대첩비의 이야기다. 북관대첩비의 정식 이름은 '조선국함경도임명대첩비'.

북관대첩비는 말 그대로 북관北關에서 일어난 전쟁에서 큰 승리를 거둔 것을 기념하는 비석이다. 북관은 오늘날의 함경도로 북관대첩비는 함경도 의병장 정문부가 왜장 가토 기요마사가 이끄는 왜군을 크게 무찌른 일을 기념해 숙종 35년(1709년) 함경도 길주에 건립한 것이다. 높이 187센티미터, 너비 66센티미터, 두께 13센티미터의 비석에는 1500여 글자가 새겨져 있다. 의병들이 왜장 가토 기요마사가 이끄는 왜군을 무찌른 전투에 대한 내용이다. 당시 비석을 세운 이는 정육품인 함경도 북평사(병마절도사의 보좌관)로 부임한 최창대였다.

북관대첩비의 운명은 반전에 반전을 거듭하는 한편의 드라마처럼 기구하다. 왜 비석은 임진왜란이 끝난 지 100년이 지나서야 세워질 수 있었을까?

1592년 4월 중순, 일본군이 부산 앞바다에 도착하면서 전쟁은 시작됐다. 고니시 유키나가와 가토 기요마사가 이끄는 왜군은 조총을 앞세워 파죽지세로 북진했다. 놀란 선조는 4월 30일 피난에 나섰고 한양은 5월 2일, 2개월 만인 6월 14일에는 평양성마저 함락되었다. 날이 더워질수록 일본 군사들의 사기는 올라가는 듯했다. 관군은 속수무책으로 무너졌다. 이미 모습을 감춘 뒤였거나 있다 해도 도망가기에 바빴다. 조선땅은 쑥대밭이 되고 있었다.

이때 지역마다 '의義로 뭉친 군인' 의병들이 나타났고 북관도 여지가 없었다. 당시의 상황을 북관대첩비는 다음과 같이 적고 있다.

"정문부는 무사의 재능이 있는 것으로 잘 알려져 있었다. 그러나 전쟁을 하려 해도 군사가 없어 산골짜기에 몸을 감추고 있었다. 그러던 중 의병이 궐기했다는 얘기를 듣고는 용기를 내 기꺼이 여기에 참가했다."

스물여덟 살의 정문부는 북평사라는 관직에 있었다. 그러나 민의에 부응해 그보다 높은 관직에 있던 이들이 그를 의병장으로 추대했다. 함경도의 의병투쟁은 다른 지역에 비할 수 없을 만큼 어려웠다. 남쪽의 왜군과 호시탐탐 남침의 기회를 엿보는 북쪽의 여진족을 동시에 상대해야 했다. 내부의 적도 있었다. 이런 가운데 모인 의병부대는 조직으로 보면 오합지졸이었고, 상대해야 할 적장은 가토 기요마사였다.

하지만 정문부를 비롯한 북관의 의병들은 1592년 9월부터 반년에 걸쳐 혁혁한 공을 세웠다. 조선의 왕자들을 왜군에게 넘겨준 역적들을 소탕했고, 경성, 임명, 단천, 백탑교에서 여덟 차례에 걸친 전투에서 왜군을 격퇴해 함경도에서 몰아냈다. 하급 무관이 이끈 200여 명 의병부대가 명장 지휘하의 2만 명 정예부대를 크게 깨부순 것이다. 바다에서 이순신이 한산대첩에서 승기를 잡았다면, 육지에서는 정문부가 왜군의 기세를 꺾어놓았다. 이 시기 지상에서 왜군을 격퇴하는 것이 중요한 까닭은 무엇보다도 이들이 해상에서 퇴로가 막히면서 엄청난 약탈과 강도짓을 했기 때문이다. 이순신 장군의 승리는 역설적이게도 육지에서 왜군의 만행이 더욱 심해지는 상황을 만들었는데, 이것을 정문부의 의병이 해결한 것이다.

하지만 조정은 정문부 의병장의 공을 인정하지 않았다. 북관의 최고 관직자인 북변순찰사 윤탁연이 계속 왜곡된 보고를 했던 것이다. 이후 정문부는 혼탁한 당쟁의 와중에 역적으로 몰려 억울하게 투옥되었다. 인조반정 직후 이괄의 난이 일어났을 때 정문부는 병석에 누워 있어 왕명을 수행하지 못했는데 이것이 빌미가 돼 탄핵을 받고 말았다. 60세에 그가 숨을 거둔 곳은 감옥 안이었다.

정문부의 억울한 사연은 44년 후에야 밝혀졌고 그에겐 충의공忠毅公이라는 시호가 내려졌다. 생전에 조명받지 못했던 그의 공도 서서히 드러나 숙종 때에 이르러서는 함경도 북평사로 부임한 최창대가 주민의 뜻을 모아 함경북도 길주에 북관대첩비를 세웠다.

북관대첩비의 주인공 정문부는 그 공적에 비해 후대에 덜 알려진 것이 사실이다. 그렇게 된 데는 남북분단이란 상황도 한몫했다. 정문부의 활약상을 다룬 작품은 북한 소설가 리유근의 『관북의 병장』 하나뿐이다.

100년 뒤에 드러난 진실

우여곡절 끝에 세워진 북관대첩비는 혼란한 역사의 소용돌이를 피해가지 못하고 한 차례 기구한 운명에 처한다. 200여 년 세월이 흘러 다시 북관은 전쟁의 포연에 휩싸인다. 1904년 2월 9일 일본이 인천 앞바다에 있던 두 척의 러시아 군함을 격침시키면서 발발한 러일전쟁 때문이었다. 함경도 지방에 잠시 주둔하고 있던 일본군의 여단장 이케다 쇼우스케는 북관대첩비에 적힌 비문을 읽게 된다. 일본군의 치욕스러운 패전 기록을 본 그는 비석을 파내 일본으로 가져가버렸다. 북관대첩비는 히로시마를 거쳐 도쿄로 이송됐다가 야스쿠니 신사로 옮겨졌다. 일본 군국주의의 상징과도 같은 도쿄 야스쿠니 신사 구석에 그야말로 방치됐다. 북관대첩비의 잃어버린 세월이 시작된 것이다.

야스쿠니 신사에서 북관대첩비를 발견한 한국인은 독립운동가 조소앙 선생이다. 1909년 일본에 유학중이던 그는 구한말 도쿄 한국인 유학생회 잡지인 『대한흥학보大韓興學報』에 비의 발견 경위와 비문 전문, 애통한 소감을 「함경도 임진의병대첩비문」이란 제목으로 투고했다.

조소앙 선생 다음으로 이 대첩비를 찾아본 제2의 발견자도 있다. 익명의 이씨이다. 1926년 9월 19일자 동아일보 기사에는, 그해 9월 16일, 이씨라는 사람이 야스쿠니 신사에 가서 북관대첩비를 확인하고 자세히 보려다가 일본 헌병에게 금지를 당했다는 내용이 실려 있다. 그 당시 이 비석 옆에는 안내문이 있었는데, "이 비에 대첩이라 했지만 사실과는 상반된 것이니 믿지 말라"고 쓰여 있었다고 한다. 이씨는 이 소중한 비가 일본에 의해 혹시 없어질까 봐 안타까워 한국 사람에게 알려 달라고 언론을 통해 호소했다. 하지만 아무도 응답이 없었다. 일제 강점기와 분단의 시기를 거치면서 북관대첩비의 존재는 한국인의 뇌리에서 잊혀졌다. 고구려의 왕계와 광개토대왕의 업적을 기록한 광개토왕비와 왜적과의 싸움을 증언한 북관대첩비는 이렇게 쌍생아처럼 외세의 손에 의해 운명이 좌우되는 상황에 처했던 것이다.

일본은 북관대첩비를 강탈해 치욕적인 과거를 숨기려 했지만 역사는 그것을 용납하지 않았다. 북관대첩비는 다시 세상에 알려졌다. 함경도에서 약탈한 지 70년이 지난 뒤, 1978년 재일 사학자 최서면 박사는 잡지에 실린 조소앙 선생의 글을 접하고 이를 근거로 야스쿠니 신사 경내를 뒤져 비를 찾아냈다. 정태수 종친회장은 최서면 박사에게 소식을 듣고 야스쿠니 신사를 찾아가 북관대첩비를 처음 봤을 당시를 이렇게 적고 있다.

"너무나 초라하게 모셔져 있었다. 신사 정면에서 우로 또 우로 꺾으면 2층짜리 비둘기집이 있고, 그 옆의 나무 숲속 어두컴컴한 담 옆 숲이 있다. 그 속에 서 있었다. 비신碑身만 빼앗아갔던 것이라, 일본 현지의 모양 없는 돌로 비대碑臺를 받치고 비모碑帽가 씌워져 있었다. 거의 방치되어 비둘기 똥을 둘러쓰고 있었다."

이때부터 의병장 정문부의 후손인 해주 정씨 종친회 등 민간 차원에서 반환운동이 전개됐다. 북관대첩비 환국을 위한 범민족운동본부가 발족했고 비문에 적힌 의병의 후손들이 일본 정부에 청원서를 냈다. 일본은 계속 발뺌했다. 북관대첩비의 원래 소재지는 북한인데 반환을 요구하는 측은 한국이라는 점을 이용해 일본은 비의 반환을 계속 미뤄왔다. 일본 정부는 비의 현 소재지가 야스쿠니 신사라는 점을 들어 민간소유 재산은 정부의 권한 밖이라고 했고, 야스쿠니 신사에서는 일본 정부의 공식 요청이 있어야 한다면서 서로 책임을 회피했다.

27년 동안 각계의 끈질긴 반환 노력이 계속됐다. 민간 차원의 성과를 바탕으로 그동안 소극적이던 정부도 적극적으로 나섰다. 그러던 어느 날 일본 정부는 "남북이 합의해 한국 측이 정식으로 반환을 요청하면 비석을 보관중인 야스쿠니 신사에 말해 반환 절차를 밟겠다"는 입장을 밝혔다.

이후 남북은 공동으로 반환운동을 벌였다. 드디어 북관대첩비가 고국을 떠난 지 꼭 한 세기가 흐른 2005년, 한·일 양국은 '북관대첩비 반환합의서'에 서명했다.

반환합의서 서명 8일 후 한국에 도착한 비는 국립중앙박물관에 안치돼 일반인에게 공개되다 2006년 3월 현지 복원을 위해 북한에 전달되면서 고향으로 돌아갔다. 북한은 이를 기념하는 120원짜리 우표를 발행하는 등 귀환 축하행사를 가졌다. 이 과정은 남과 북이 하나의 역사로 서로 만나고 뜻을 통한 사건이기도 했다.

ⓒ신동아. 북관대첩비 탁본을 펼쳐놓은 초산스님

북관대첩비 환수는 지난 1세기의 근현대사가 집약된 상징적 사건이다. 단순히 문화재를 되찾았다는 의미를 넘어서 잃어버렸던 역사를 남북한이 힘을 합쳐 되찾았다는 의미가 더욱 크다. 북관대첩비 환수는 남북교류사, 특히 해외 소재 한국문화재 반환과 관련해 새로운 장을 열었다.

자기 상실을 극복하는 첫 단계, 문화재 환수

최근 한국은 일본, 중국, 서방 국가들을 상대로 문화재 환수운동을 꾸준히 펼치고 있다. 해외반출 문화재의 대부분은 19세기 후반에서

20세기 전반에 걸친 근현대사의 혼란기에 강대국들이 불법으로 가져간 것들이다. 국립문화재연구소의 조사에 따르면 전 세계 20여 국가에 약탈 내지 불법으로 유출된 우리 문화재는 총 14만 560점. 일본이 6만 6천여 점으로 가장 많고 미국, 독일이 그 뒤를 잇고 있다.

정부는 지금까지 10개국으로부터 총 8,244점의 문화재를 돌려받았다. 그 형태는 정부 간 협상에 의한 것도 있었고 기증을 받거나 잠시 대여를 하는 경우 등 다양했다. 돈을 주고 다시 사는 것도 있었다. 정부가 협상을 벌여 돌려받은 것 가운데 대부분은 1965년 한일협정 당시 일괄타결로 이뤄진 것이었다.

1965년은 우리에게 문화재 환수에 있어 분기점이 되는 해다. 한일협정에서 일본이 우리나라와 문화재 반환 협약을 맺으면서부터 우리 문화재 환수 작업은 비로소 물꼬를 틀 수 있었다. 정부 차원의 반환 작업이 시작될 수 있었던 것이다. 하지만 정부는 스스로 앞길을 가로막았다. 한일협정 당시 "더 이상의 문화재 반환 요구를 포기하겠다"고 서명을 하고 만 것이다. 식민지 시대의 문제를 더는 거론하지 않겠다는 의사표시였다.

정부 차원에서 문화재 반환이 어려워지자 민간이 나섰다. 그 결과 2006년 『조선왕조실록』이 일본에서 강탈한 지 95년 만에 규장각으로 돌아왔고, 2011년에는 1922년 조선총독부에 의해 일본으로 반출됐던 『조선왕실의궤』 167권이 돌아왔다. 시민단체 '문화재제자리찾기'가 2006년부터 민간 차원의 본격적인 환수운동을 펼친 결과 거둬들인 결실이었다.

『조선왕실의궤』가 돌아오기 몇 달 전, 1866년 병인양요 당시 프랑스 군대가 약탈해간 외규장각 의궤가 프랑스에서 145년 만에 우리 품으로 돌아왔다. 프랑스에서 고국에 도착하는 데에는 한나절에 불과했지만 반환 협상은 20년이라는 적잖은 시간이 걸린 셈이다. 그러나 이를 두고 반쪽짜리 반환이라는 비판의 목소리도 만만치 않다.

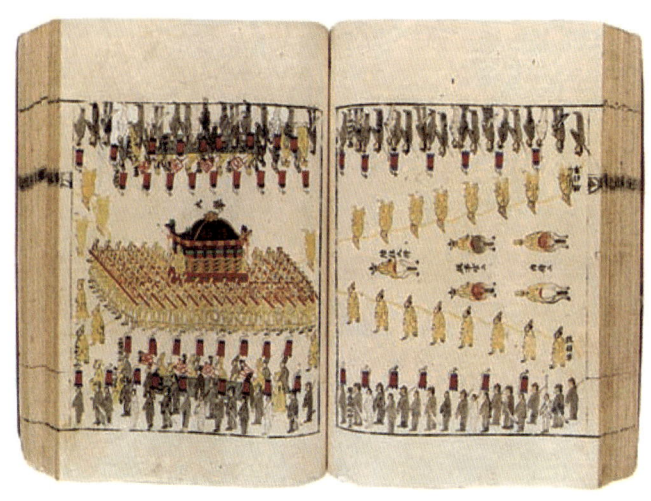

『명성황후국장도감의궤』에 실린 〈장례행실도〉 중 〈발인반차도〉

도서 전체에 대해 완전한 소유권을 이전받는 것이 아니라 5년 단위의 임대라는 점 때문이다. 정부는 5년 단위 임대지만 기간이 자동연장되기 때문에 사실상의 환수라고 주장한다. 하지만 학계와 문화계에서는 5년마다 빌려달라고 허락을 받는다는 것이 굴욕적이고, 우리 스스로 문화재에 대한 소유권과 자존심을 포기한 것이라고 비판하고 있다.

이처럼 문화재 반환 협상이 속 시원히 진행되지 못하는 것은 이에 관한 국제규범이 확립돼 있지 않기 때문이기도 하다. 현재 도난 및 불법반출 문화재 환수에 관해 규율하고 있는 조약은 1970년의 유네스코 협약과 1995년 국제연합 산하의 사법통일국제연구소UNIDROIT 협약이 있다. 그러나 이 두 협약 모두 협약의 발효시점부터 적용을 하고 있기 때문에 그 이전에 반출된 문화재까지 소급 적용하지 못하는 맹점이 있다. 또한 반출된 문화재가 불법인지 그 여부를 입증하기도 쉽지 않다.

나라 밖 문화재 찾기가 첫발을 내딛은 지 50여 년. 아직도 갈 길은 멀다. 일본만 봐도 그렇다. 2011년 『조선왕실의궤』와 함께 반환된 도서 1,200권까지 포함시켜도 지금까지 일본에서 반환된 문화재는 공식적으로 확인된 수의 20분의 1 정도인 3천여 점에 불과하다. 조선 최고의 명작으로 꼽히는 안견의 〈몽유도원도〉는 일본에, 세계 최고의 금속활자본인 『직지심체요절』과 혜초의 『왕오천축국전』은 현재 프랑스에 있다. 이런 현실은 영국의 사학자 토머스 칼라일의 "역사는 문명을 창조했지만 침략자는 문화재를 약탈했다"는 말을 더욱 공감하게 한다.

　다른 나라의 사정도 우리와 크게 다르지 않다. 몇 년 전 미국에서는 '인도 독립의 아버지' 마하트마 간디의 유품이 경매에 나와 인도 국민을 분노케 했다. 이처럼 중국과 인도를 비롯해 그리스, 이집트 등 불법 반출된 문화재를 둘러싼 피탈국들의 반환 요구가 거세지고 있다. 그리스의 경우에는 영국, 프랑스를 상대로 문화재 반환운동을 벌여온 지 180년이 넘는다. 제국주의의 시대가 문화재 반환에 있어서는 아직 끝나지 않은 것이다.

　지난 2011년 외교통상부가 문화재청, 유네스코 한국위원회와 함께 개최한 '문화재 환수 국제포럼'에서 국내외 전문가들은 '문화재 환수에 관한 서울선언'을 채택했다. 문화재는 원산국 국민의 권리이며, 문화재 환수가 국가의 문화적 정체성을 복원하는 중요한 수단인 만큼 전문가, 시민사회 및 민간단체는 각 국가의 불법 반출 문화재 목록 업데이트에 협조하고, 성공 사례를 공유하는 등 문화재 환수를 위한 국제 협력에 적극 참여한다는 내용이다.

　"우리는 왜 빼앗긴 문화재를 되찾아야 하는가?" 『조선왕조실록』과 『조선왕조의궤』 등 강탈당한 문화재 환수에 중심 역할을 맡은 문화재제자리찾기운동 사무처장 혜문스님은 문화재 반환운동을 추진하면서 수없이 이 질문을 던졌다고 한다. 그가 찾은 대답은 이렇다. "빼앗긴 문화재를 되찾아 오는 일은 우리의 슬픈 역사와 짓눌린 역사를 회복하는 것입니다." 지난한 과정을 통해 역사를 다시 찾는 것은 자기 자신을 다시 찾는 것과 진배없다. 문화재 반환은 자기 상실을 극복하는 첫 단계다.

참고서적

빼앗긴 문화재를 말하다 혜문, 작은숲, 2012
수난의 문화재 문화재청, 눌와, 2008

memento

07 폭파 위기의 덕수궁

왕의 운명과 함께한
비운의 궁

임진왜란 후 선조의 임시거처
광해군 즉위
인목대비 유폐
고종의 대한제국 선포
왕위를 잃은 고종의 거처

경운 慶運
: 경사스런 기운이 모여 있다

왕의 운명과 함께 바뀐 이름

덕수 德壽
: 왕이 덕을 누리며 오래 살도록 기원한다

덕수궁 중화문 정면 모습(1897년 추정)

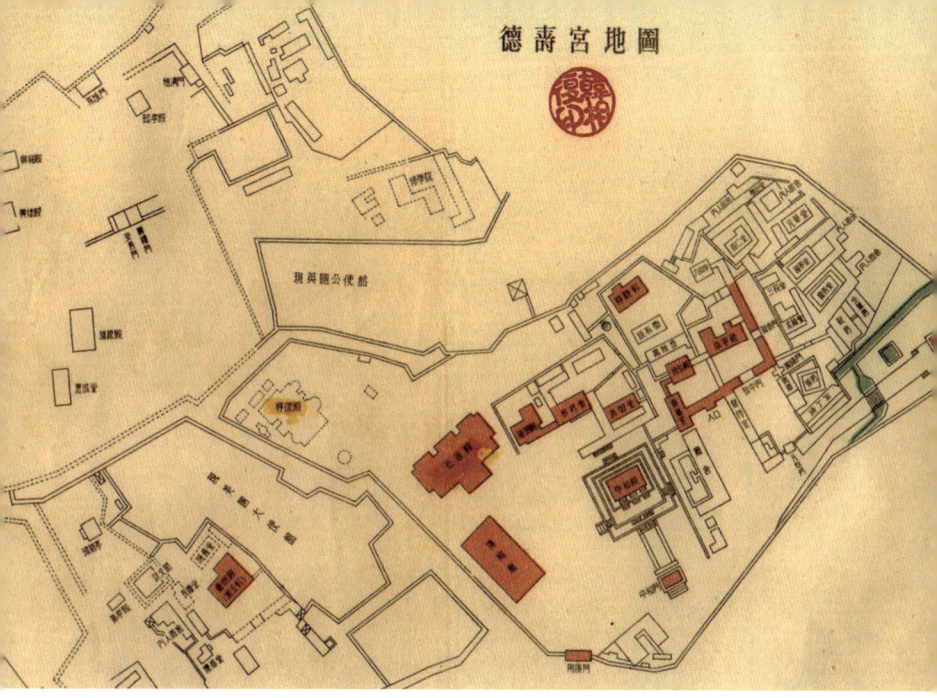

고종 승하 후
궁궐터를 뚝뚝 잘라
도로로
학교로
미술관으로
깨지고 부서져 형태를 잃은 비운의 덕수궁

덕수궁에 또다시 위기의 순간이 닥쳤다!

"서울 폭격을 철회해주십시오!
 수도 서울에 담긴 귀중한 문화재와 사적들이
 소멸될 우려가 있습니다!"

"하지만 전략상
 폭격을 안 할 수는 없는 일이잖소?"

한국전쟁 당시
인천상륙작전 사령관 맥아더에게
다급히 면회를 신청한 주일공사 김용주

서울 지도를 펼쳐놓고
주요 사적들에 굵은 동그라미를 치며
몇 번이고 간곡히 부탁한다

하지만
1950년 9월 15일 미 해병본부

"적의 동태를 파악했습니다!
 임시기지로 삼은 덕수궁에 적들이 몰려들고 있습니다!"
　-『폭파 위기의 덕수궁』

명령 수행자 : 포병부대 중위 제임스 해밀턴 딜

"덕수궁을 포격하는 것은 양심이 허락하지 않습니다.
오랜 역사를 지닌 국가의 유물이지 않습니까?
그런데 포격 개시란 말이 떨어지면
단 몇 초 만에 모두 사라지고 맙니다."

그리고 마침내 내린 명령

"적이 빠져나갈 때까지 기다린다."

"덕수궁 폭파를 포기한다!"

"그날 그 시점에 내렸던 판단과 행동은
내가 살아 있는 한 결코 잊을 수 없는 일이다."
– 제임스 해밀턴 딜

1996년 한국 정부는 제임스 해밀턴 딜에게 감사패를 전달했다
그의 묘비에는 이름과 함께 'Korea'가 새겨져 있다

memento 07

근현대사를 몸으로 보여주는 비운의 궁궐

덕수궁德壽宮은 원래 조선 세조의 큰손자인 월산대군의 집이었다. 궁으로 쓰기 시작한 것은 임진왜란 때 평안도 의주로 피난했던 선조가 1593년 가을 한양으로 돌아오면서부터였다. 한양은 이미 옛날의 한양이 아니었다. 궁궐은 불에 타버려 왕이 머물 곳이 없었다. 갈 곳 없던 선조는 월산대군의 집을 임시 궁으로 사용하기로 했다. 협소한 공간 탓에 선조는 주변 왕족과 고위 관리들의 집을 궁으로 편입시켰고, 이때부터 '정릉동 행궁行宮'으로 불리었다.

 선조의 뒤를 이은 광해군도 이곳에서 나랏일을 보았다. 그러나 나라 형편이 나아지자 광해군은 다시 지은 창덕궁으로 자리를 옮겼다. 그제야 이름도 없던 궁에 '경사스러운 기운이 모여 있다'는 뜻의 '경운궁'이라는 이름이 붙여졌다. 광해군을 왕위에서 내쫓고 권좌에 오른 인조는 경운궁에 딸린 가옥을 원래 주인에게 되돌려주게 하였다. 단, 선조가 머물던 석어당과 즉조당만은 남겨두었다. 난리를 겪은 후에 임금이 머무른 시간을 기억하자는 의미였을 것이다. 이로써 경운궁은 왕이 공식적으로 머물며 국정 업무를 보던 궁궐로서 생명을 다했다. 경운궁은 270여 년이 흐른 1897년 또 한 번 시대의 중심으로 떠올랐다. 일본인들이 왕이 머무는 경복궁에 버젓이 들어와서 왕비를 무참하게 죽인 후, 러시아 공사관으로 몸을 피했던 고종이 1년 만에 새 거처로 삼은 곳이 바로 경운궁이었다.

 그해 10월, 고종은 환구단圜丘壇에서 대한제국을 선포했다. 고종이 황제 즉위식을 한 뒤, 비로소 경운궁은 조선의 으뜸 궁궐이 될 수 있었다.

 현실은 녹록지 않았지만 고종은 대한제국을 의욕적으로 이끌어가려 했다. 대한제국의 연호를 '힘을 기르고 나라를 빛내자'는 뜻의 '광무光武'로 정했다. 궁의 정문인 대안문(지금의 대한문) 옆에는 군사 건물인 '원수부元帥部'를 지었다. 고종은 힘에서도 이웃나라에 밀리지 않는 당당한 국가를 꿈꾸었다.

 당시 경운궁 주변에는 여러 나라의 대사관이 들어서 있었다. 경운궁의 입지는 마치 국제사회 속의 대한제국을 보여주고 있었다. 사실 대한제국은 일본, 중국뿐 아니라 러시아와 영국, 미국 등 힘센 나라들 틈바구니에서 힘겹게 줄타기를 하고 있는 처지였다. 하지만 고종으로서는 현실적으로 괜찮은 입지이기도 했다. 누구라도 함부로 대궐을 넘봤다가는 다른 나라의 눈치가 보일 테니 말이다.

 경운궁은 20세기 초 국권을 빼앗기는 과정에서 여러 사건이 벌어진 격동의 현장이었다. 청일전쟁, 러일전쟁으로 중국과 러시아를 잇달아 무릎 꿇린 일본은 1905년 을사늑약으로 대한제국의 숨을 끊어놓았다. 을사늑약이라는 비극적 역사의 현장이 바로 덕수궁 내 중명전이었다. 1907년 고종은 네덜란드 헤이그에 밀사를 파견해 을사늑약의 무효를 선언하고 대한제국의 주권 수호를 호소하려 계획을 세웠다. 이는 일본이 고종을 황제 자리에서 내쫓은 빌미가 되었다. 이때부터 경운궁은 더이상 '황제의 궁궐'이 아니었다. 물러난 황제가 머무는 궁궐일 뿐이었다. 고종에 이어 황제가 된 순종은 창덕궁으로 거처를 옮겼고, 경운궁에 계신 태황제太皇帝 고종에게 "덕을 누리며 오래 사시라"는 뜻에서 '덕수德壽'라는 이름을 올렸다. 이때부터

고종 인산(因山) 전날 대한문 앞에 모인 민중들

경운궁은 덕수궁이라는 새 이름을 얻었다.

1910년 경술국치로 온 나라가 통째로 일제의 손아귀에 넘어가면서 조선왕조는 건국된 지 519년 만에 쇠망하고 말았다. 덕수궁은 조선왕조 500년의 몰락을 함께한 비운의 궁궐로 기억됐다.

이후에도 비극은 이어졌다. 1919년 고종황제가 죽자 덕수궁은 또다시 뼈아픈 역사를 안게 된다. 일제는 조선왕조의 상징이기도 했던 덕수궁을 내버려두지 않았다. 1933년에는 덕수궁을 일제의 유원지인 '중앙공원'으로 바꾸었고, 일본 고관들이 묵고 가는 여관으로 쓰기도 했다. 황제가 머물던 석조전은 일본 미술품 진열 전시장으로 개조했다. 역대 왕들의 초상화를 모셔놓고 제사를 올리던 선원전 터에는 도로를 뚫었고 궁을 해체하는 것도 모자라 많은 시설물을 헐어버린 뒤 경성제일공립여자고등학교(오늘날의 경기여고)와 일본식 건물들을 세웠다. 궁궐터는 도로 확장, 학교 신축 등을 이유로 계속 잘려나갔다.

전쟁의 포화 속에서 살아남은 덕수궁

슬픈 운명을 타고난 듯한 덕수궁은 1950년 6월 25일 한국전쟁 발발로 또 한 차례 시련과 마주친다. 북한군에 점령된 석 달과 인천상륙작전, 1·4후퇴를 거치면서 서울은 수많은 폭격으로 잿더미가 되다시피 했다. 일제의 대표적 건물 중 하나였던 용산역사, 철도국, 용산, 마포구청 등이 잿더미가 됐다. 그런데 이런 와중에도 덕수궁을 비롯해 남대문과 동대문, 경복궁과 창덕궁의 문화재는 오늘날까지 전해온다.

전쟁이 터진 지 두 달여쯤 지나 한국전쟁 당시 주일대표부 공사로 있던 김용주는 미군의 인천상륙작전계획을 듣게 된다. 이때 김용주는 최후의 격전지가 서울이 될 것을 직감하고 수일을 고민하다가 유엔군 총사령관 맥아더를 찾아간다. 500년 도읍의 문화재가 쑥대밭으로 변할 것을 어떻게든지 막아야겠다고 결심한 뒤였다.

김용주는 맥아더에게 서울 작전에 대한 의견을 물으면서 서울을 포화보다는 포위하는 작전으로 가달라는 부탁을 했다. 맥아더는 "도시는 파괴된 뒤에 새로운 도시로 거듭날 수 있다"면서 미국이 책임지고 전후 복구를 해주겠다고 했다. 하지만 김씨는 덕수궁과 경복궁, 창덕궁, 남대문을 하나하나 지도에 표시해가며 4대문 안 도심을 보호해줄 것을 간곡히 요청했다. 맥아더 장군은 최선을 다하겠다고 약속했고, 결국 9월 9일부터 13일까지 폭격이 진행되는 동안 덕수궁 일대와 종로의 거리는 폭격으로부터 안전할 수 있었다.

김용주와 함께 덕수궁에게 은인이라 할 만한 미국인이 있다. 한국전에 포병중위로 참전한 제임스 해밀턴 딜이다. 9월 15일 인천상륙작전에 성공한 뒤 한미 연합군은 열흘 뒤인 9월 25일 오후부터 서울 시가전에 돌입했다. 한강을 건너 해병대와 함께 서울 탈환작전을 시작하려던 중위는 당시 남산에서 서울 시가지를 몰래 관측하는 관측

무전병으로부터 중요한 보고를 듣게 된다. 덕수궁에 수백 명의 북한군이 집결해 있다는 내용이었다. 궁에 포를 떨어뜨리면 수백 명의 적군을 한순간에 섬멸시킬 수 있었다. 시기를 놓쳐 공격을 받게 되면 아군의 사상자가 늘어날 수 있다는 우려가 나오기도 했다. 그러나 끝내 그는 "포격 개시"란 말을 하지 않았다. 전쟁 중이지만 이국인인 그에게 덕수궁은 '한 나라의 자존심이 걸린 왕궁'이었던 것이다. 포격 개시를 내리는 순간 수백 년 역사를 지닌 고궁이 불바다가 될 것은 뻔했다. 그는 훗날 1950년 9월 25일 당시의 상황을 회고하면서 이렇게 적고 있다.

"서울 덕수궁에 포격 명령이 갑자기 내려졌다. 하지만 고민하지 않을 수 없는 일! 과연 수백 년 동안 지켜온 조선의 왕궁을 내 손으로 파괴해야 하는가. (…) 결국 나는 앤더슨 대위와 상의하지 않을 수 없었다. 자네 생각이 맞아 나도 그렇게 생각하네. 우리는 이에 대해 같은 느낌을 갖게 되었고 또한 이와 비슷한 경우로 제2차 세계대전 당시의 몬테카시노 수도원에 대해서 이야기를 나누었다. 우리는 이 고궁을 살리는 데 최대한 노력하기로 합의했다."

제임스 해밀턴 중위는 결국 북한군이 덕수궁을 모두 빠져나와 을지로를 지날 때 공격을 감행했다. 세월이 흘러 백발의 나이가 된 그는 당시를 떠올리며 이런 말을 남겼다.

"오늘날 덕수궁이 보존되고 있다는 사실 그것만으로 나는 흐뭇하고 자부심을 갖게 된다. 그날 그 시점에 내렸던 판단과 행동은 내가 살아 있는 한 결코 잊을 수 없다."

전쟁과 문화재

제2차 세계대전중이던 1944년 2월 15일, 이탈리아 본토에 상륙한 연합군은 몬테카시노 수도원에 공중 폭격을 퍼부었다. 연합군은 크게 환호했다. 하지만 바티칸의 추기경을 비롯해 수많은 문화예술인들은 연합군을 강력 규탄했다. 천 년 동안 정신과 영혼을 지킨 성스러운 곳을 함부로 파괴하는 야만인들이라고 했다. 세계 여론도 악화됐다.

들끓는 여론을 무마하기 위해 연합군은 전쟁중 문화유산 보호를 전담하는 특수부대를 결성하고 이들을 '모뉴먼츠맨The Monuments Men'이라 지칭했다. 이 기념물 전담반은 각국에서 모인 박물관 관장, 큐레이터, 건축가 등 350여 명으로 구성돼 있었다. 이들의 초기 임무는 중요한 건축물의 피해를 최소화하는 것이었다. 하지만 점차 전쟁중 나치가 약탈한 예술작품의 행방을 찾는 쪽으로 성격이 변했다. 전쟁이 끝난 후 모뉴먼츠맨들은 제2차 세계대전 영웅으로 추앙받게 됐다.

이와 함께 국제사회는 제2차 세계대전을 되돌아보면서 1954년 만든 전쟁 시 문화재 보호를 위한 '헤이그 협약'을 맺었다. 이 협약에는 현재 126개국이 가입돼 있지만 그다지 큰 구속력은 없다. 게다가 군사행위 시 문화재를 보호하는 의무와 처벌조건을 강화한 문서에 서명한 가입국은 그 절반에도 미치지 못하는 실정이다. 말은 번지르르하게 해놨지만 책임은 지지 않는 것이다.

전쟁의 포탄 속에서 세계인의 유산이 덧없이 무너지는 역사의 비극은 오늘도 되풀이되고 있다. 중동·북아프리카를 뒤흔든 내전과 소요 사태가 인류 최초의 문명지인 메소포타미아에서 싹튼 수천 년 역사의 유적들을 앗아가고 있다. 시리아 내전의 장기화로 인해 수천 년 된 시리아의 유적들도 수난을 당하고 있다. 시리아만의 재앙이 아니다. 리비아 내전은 북아프리카 최고의 로마 유적, 렙티스 마그나를 위험으로 몰아넣었다. 시간을 거슬러 올라가보면 2001년 아프가니스탄 탈레반 정권의 세계 최대 불상인 바미얀 석불 폭파, 미국의 2003년 걸프전 당시 이라크 문화재 파괴 등 여전히 자행되고 있다.

역사적으로 전쟁 중의 문화재 파괴는 상대적으로 민간인 학살만큼 주목받지 못했다. 하지만 전문가들은 두 사안은 별개의 것이 아니라고 강조한다. 에마 컨리프 영국 던햄대 교수는 "사람이나 유물의 희생 어느 한쪽만 봐서는 안 된다. 인류의 기반이자 후대의 자산인 문화재의 재앙은 결국 인간에게 돌아올 것이다"라고 말한다.

조선왕조 500년의 역사 가운데 근대 100년 역사의 현장을 가장 많이 기억하고 있는 곳이 바로 덕수궁이 자리한 정동이다. 사적 제124호로 지정된 덕수궁은 서울 도심 한가운데 위치하면서 돌담길 등 주변 환경이 좋아 시민들의 산책코스로 각광받고 있다. 그러나 그 가운데 지금 남아 있는 덕수궁의 터는 원래 3분의 1도 채 되지 않는다.

문화재청은 지난 2004년부터 덕수궁 원형복원사업을 진행하고 있다. 원래 덕수궁 선원전 터, 그러니까 옛 경기여고 터에 고종이 아관파천俄館播遷 했던 길 등 일제에 의해 훼손됐던 모습을 복원한다는 계획이다. 아관파천 길 복원이 끝나면 선원전 등 주요 건물들도 다시 지어 덕수궁의 원래 모습을 되살려가겠다고 한다. 한때 역사학계 일각에서 덕수궁의 본래 이름이 경운궁이라는 사실을 들어 옛 명칭을 회복해야 한다는 주장이 나와 경운궁이냐 덕수궁이냐를 두고 논쟁이 펼쳐졌지만 이는 결국 유보되고 말았다. 어쩌면 이름을 바꾸는 것보다 우선되어야 할 것은 덕수궁이란 궁에 담긴 역사를 제대로 알려는 우리의 태도일지 모른다. 임진왜란이 끝난 뒤 전쟁의 폐허 속에서 조선의 중심에 서 있던 경운궁, 풍전등화 같던 대한제국의 운명을 함께해온 덕수궁, 우리의 얼룩진 근현대사를 말없이 증언하며 호흡해온 이 궁궐이 앞으로 어떤 역사를 열어갈지는 결국 우리에게 달려 있다.

참고서적

궁궐의 눈물, 백년의 침묵 우동선, 박성진 등저, 효형출판, 2009
수난의 문화재 문화재청, 눌와, 2008
우리 궁궐 이야기 홍순민, 청년사, 1999

이미지 출처

1부 어떻게 살 것인가

01 어떤 젊음
- p.15 신흥학우단, 1947년, 우당기념관
- p.17 우당 6형제, 우당기념관
- p.18 40대 초반의 이회영, 우당기념관
- p.19 1921년 북경 시절의 이회영
- p.23 신흥무관학교 훈련 모습
- p.25 중경청사 앞에서 임시정부 요인들, 1945년
- p.26 대한독립단 모금 영수증, 우당기념관
- p.28 이회영 흉상, 우당기념관

02 이상한 밀지
- p.32 〈동래부순절도〉, 변박, 1760년, 육군박물관.
- p.35 『광해군일기』, 서울대 규장각한국학연구원
- p.37 〈양수투항도〉, 김후신, 서울대 규장각한국학연구원
- p.39 〈임진전란도〉, 이시눌, 1834년, 서울대 규장각한국학연구원
- p.42 청 태조 누르하치 초상화, 베이징 고궁박물원
- p.45 『광해군일기』, 서울대 규장각한국학연구원

03 말의 길, 언로
- p.61 ⓒ이강칠 외, 〈김상석 영정〉, 『역사인물 초상화 대사전』, 현암사, 2003년

04 만 년 후를 기다리는 책
- p.69 〈반차도〉, 『가례도감의궤』, 서울대 규장각한국학연구원
- p.70 인조 무인사초, 서울대 규장각한국학연구원
- p.71 『중종실록』, 『선조소경대왕실록』, 『국조보감』, 서울대 규장각한국학연구원
- p.78 『승정원일기』, 서울대 규장각한국학연구원

05 영웅과 역적 사이
- p.84 〈부산진순절도〉, 변박, 1760년, 육군박물관
- p.85 〈울산성전투도〉
- p.86 『모하당연보』, 김충선, 1798년, 서울대 규장각한국학연구원
- p.87 김충선 영정, 한일우호관

340

06 최고의 교육
p.96 〈서당〉, 김홍도, 국립중앙박물관
p.98 〈송하수업도〉, 이인상
p.101 〈글갈으치고〉, 김준근, 숭실대학교 한국기독교박물관
p.102 『양아록』, 이문건
p.107 〈월야선유도〉, 《평양감사향연도》, 김홍도, 국립중앙박물관

07 한류, 믿음을 통하다
p.112 〈조선통신사 내조도〉, 하네카와 도에이, 1748-1750년경, 일본 고베시립박물관
p.116 〈달마도〉, 김명국, 1643년경, 국립중앙박물관
p.121 〈관백연향〉, 《사로승구도》, 이성린, 1748년, 국립중앙박물관

2부 나는 누구인가

01 자화상
p.132 〈주마상춘도〉, 윤두서, 해남윤씨 종가
p.135 〈목기 깎기〉, 윤두서, 해남윤씨 종가
p.136 〈나물 캐는 여인〉, 윤두서, 해남윤씨 종가
〈유하백마도〉, 윤두서, 해남윤씨 종가
p.137 〈자화상〉, 윤두서, 해남윤씨 종가
p.140 〈돌 깨는 석공〉, 윤두서, 해남윤씨 종가

03 고향으로 돌아온 여인들
p.161 〈이부동사〉, 《동국신속삼강행실도》, 열녀편, 서울대 규장각한국학연구원
p.162 〈소과응시〉, 《평생도》, 작자 미상, 국립중앙박물관
p.170 〈이부추애〉, 《동국신속삼강행실도》, 열녀편, 서울대 규장각한국학연구원

04 네 개의 단서
p.177 단지(斷指)한 안중근 의사의 손바닥 장인(掌印), 안중근의사기념관
p.178 '대한의사 안중근공 혈서', 안중근의사기념관
p.179 안중근 의사 초상사진, 일본 죠신지 소장, 안중근의사기념관
p.180 용산 효창공원에 마련된 안중근 의사의 가묘
p.186 뤼순감옥에서 유언을 남기는 안중근 의사, 일본 죠신지 소장, 안중근의사기념관
p.187 안중근 의사의 저서 『동양평화론』, 안중근의사기념관

05 조선의 이방인, 백정
p.194 〈줄타기〉, 김준근, 명지대-LG 연암문고
p.197 〈고기 굽기〉, 《성협풍속화첩》, 성협, 국립중앙박물관
p.201 〈야연〉, 작자 미상, 국립중앙박물관
p.204 〈서울 물소 머리가 있는 푸줏간〉, 명지대-LG 연암문고

06 조선의 시간
- **p.209** 〈세종대왕 어진〉, 세종대왕 유적관리소
- **p.211** 〈서운관도〉, 이종상, 세종대왕 유적관리소
- **p.212** 『칠정산외편』, 서울대 규장각한국학연구원
- **p.213** 『훈민정음 해례본』, 간송미술관

07 보이지 않는 시선
- **p.224** ⓒ권혁희, 〈네 명의 죄인들〉
- **p.226** 〈한국 농촌의 일가족〉, 명지대–LG 연암문고
  〈독특하게 젖가슴을 드러내놓고 저고리를 입은 한국 여인들〉, 명지대–LG 연암문고
  〈지게를 진 소년〉, 명지대–LG 연암문고
- **p.227** 〈거문도의 노인〉, 명지대–LG 연암문고
  〈물지게를 진 노인〉, 국립영국해양박물관
- **p.229** 전체 사진들, ⓒ권혁희, 국사편찬위원회 수집, 노만 소프트 제공
- **p.232** ⓒ권혁희, 〈경성 관광 기념 엽서〉

3부 무엇을 기억할 것인가

01 999번째 수요일
- **p.238** ⓒ연합뉴스, 위안부 평화비 소녀상
- **p.243** ⓒForTheNextGeneration.com
- **p.249** ⓒ한국일보, 흉상으로 돌아온 할머니들

02 기억을 기억하라
- **p.256** ⓒ신복진, 5·18민중항쟁기념행사위원회
- **p.262** ⓒ이재영, 『4·19혁명과 소녀의 일기』, 해피스토리, 2011년
- **p.265** ⓒ황종건, 5·18민중항쟁기념행사위원회

03 1894년 그날
- **p.268** 〈일본군과의 격전〉, 동학농민혁명기념관
- **p.270** 〈집강소 설치〉, 동학농민혁명기념관
- **p.273** 〈백산봉기도〉, 독립기념관
- **p.276** 〈사발통문〉, 동학농민혁명기념관
- **p.281** 〈전봉준 법정 출두〉, 동학농민혁명기념관

04 어떤 반란
- **p.286** 〈동래부순절도〉, 변박, 1760년, 육군박물관

05 승자 없는 전쟁
p.296 『조선전쟁 생중계』, 정명섭 외 글, 김원철 그림, 북하우스, 2011년
p.298 국사편찬위원회
p.299 『조선전쟁 생중계』, 정명섭 외 글, 김원철 그림, 북하우스, 2011년
p.300 국사편찬위원회
p.301 〈The landing of the Unyo in Korea〉, 1877년
p.309 미국해군사관학교

06 100년 만의 귀환
p.312 〈창의토왜도〉, 《북관유적도첩》, 고려대박물관
p.315 〈북관대첩비〉, 문화재청
p.321 ⓒ신동아, '북관대첩비' 탁본을 펼쳐놓은 초산스님
p.323 『명성황후국장도감의궤』에 실린 《장례행실도》 중 〈발인반차도〉, 문화재청

07 폭파 위기의 덕수궁
p.326 〈불타는 궁궐〉, 명지대-LG연암문고
p.328 『사진엽서로 보는 근대풍경』, 부산박물관 지음, 민속원, 2009년
p.329 〈덕수궁 지도〉, 『왕궁사』, 이철원 저, 동국문화사, 1954년, 한수당연구원
p.334 국사편찬위원회

이 도서의 국립중앙도서관 출판시도서목록(CIP)은 서지정보유통지원시스템 홈페이지(http://seoji.nl.go.kr)와
국가자료공동목록시스템(http://www.nl.go.kr/kolisnet)에서 이용하실 수 있습니다.
(CIP제어번호: 2013002075)

© EBS 2013
All rights reserved

1판 1쇄 2013년 3월 4일
1판 18쇄 2020년 6월 17일

제작 방송 EBS
공동기획 · 감수 국사편찬위원회
지은이 EBS 역사채널ⓒ 제작팀
출판주관 EBS 미디어

펴낸이 김정순
기획 김소영 형소진
책임편집 한아름 김소영 형소진
해설원고 글 이제이
디자인 김진영
마케팅 김보미 양혜림 이지혜

펴낸곳 (주)북하우스 퍼블리셔스
출판 등록 1997년 9월 23일 제406-2003-055호
주소 04043 서울시 마포구 양화로 12길 16-9(서교동 북앤빌딩)
전화번호 02-3144-3123
팩스 02-3144-3121
전자우편 editor@bookhouse.co.kr
홈페이지 www.bookhouse.co.kr

ISBN 978-89-5605-638-8 03900

* 이 책은 EBS 미디어와의 출판권 설정을 통해 〈역사채널ⓒ〉를 단행본으로 엮었습니다.
* 본문에 포함된 사진 및 통계, 인용문 등은 가능한 한 저작권과 출처 확인 과정을 거쳤습니다.
  그 외의 저작권에 관한 사항은 편집부로 문의해주시기 바랍니다.